継ぐまちファクトリー
Tsugumachi Factory
本多哲夫
Tetsuo Honda

プロローグ

この本を読み始めていただき、ありがとうございます。私は大阪市立大学教授の本多哲夫と申します。私は商学部に所属しており、地域経営論や中小企業論という授業を担当しております。

「継ぐまちファクトリー」は町工場を舞台としたコメディ演劇で、私が脚本を執筆いたしました。ある地方公務員の青年が実家の町工場を継ぐことになり、いろいろな問題に直面するというドタバタコメディです。

私はいままで論文や専門書を書いた経験はあるのですが、演劇脚本を書くのは人生初の試みでした。誰に頼まれたわけでもなく、2016年の夏に急に「中小企業の演劇の脚本を書こう！　しかも、コメディで！」と思い付きまして、書き始めるに至りました。脚本を書く勉強などはまったくやったことがなかったのですが、もう我流で書いてしまえと、勢いで書きました。

こんなことを始めたのは、次のような理由からです。

第1に、多くの方が中小企業のことを楽しみながら学んだり、考えるたりできる機会を作りたかったからです。論文、専門書、シンポジウム、講演会といった発信方法も重要なのですが、どうしても「かたい」感じになってしまいます。そうすると、楽しみながら学ぶというよりは、眉間にしわを寄せて腕組みしながら重々しく検討するということになりがちで、中小企業を研究している、あるいは、中小企業に精通している一部の人たちだけの世界に中小企業の話がとどまってしまう気がしていました。

そこで、もっと「やわらかい」方法で、理性だけでなく感情にも訴えかけるような方法で、中小企業について考えるきっかけを作りたいと思うようになりました。中小企業は経営者や従業員の顔が見えやすく、人間味が強いことが大きな特徴です。普段の私の教育研究活動のなかで様々な中小企業経営者の方からお話を伺うことが多いのですが、皆さん、厳しい経営環境のなかで明るく前向きにがんばっていらっしゃって、その姿にいつも感銘を受けていました。泣き笑いの人生が多く詰まっているのが中小企業の世界です。その人間の温もりを感じさせる世界はコメディ演劇で表現するのに向いているように思えたのです。

最近、教育研究とエンターテイメントの融合という意味で「エデュテイメント」という言葉が使われているのをテレビで知りました。中小企業のことを演劇で表現していくという取り組みは、まさにエデュテイメントの取り組みであると自分の中では捉えております。

第2に、私の今後の教育研究活動において新たな革新を起こしたいという気持ちがあったからです。私は大学院を出てから中小企業の調査研究を行う研究所に勤務し、大学の教員へと転職いたしました。研究所時代から数えると、中小企業の調査研究に携わって2017年でちょうど20年目となることに気づきました。そして、体によほどの異変などがなければあと20年は働くのだろうなと思いました。そう考えると、節目の時に来たような気がして、何か新しいことをやってみたい、大げさに言うと、自分の中での何かしらのイノベーション（革新）を起こしてみたいと感じるようになりました。

そういうときに、京都を拠点とする劇団「ヨーロッパ企画」が廃校になった小学校（元・立誠小学校）の体育館や教室で25分のコメディ演劇をいくつも上演しているのを観劇しました。演劇はこんなにも身近に、しかも、とても和やかに笑える形で行われていることに、とても感銘を受けました。そして、ヨーロッパ企画がNHK・Eテレで「趣味の園芸グリーンスタイル　京も一日陽だまり屋」という番組を制作していることも知りました。花や植物について学ぶ5分間の番組なのですが、これも和やかなコメディで、まさにエデュテイメントが繰り広げられていました。

こうしてコメディ演劇が私にとって身近な存在となり、私が関わっている教育研究をこのような形で表現できたらとても素敵だろうなと思うようになりました。そして、これが私のイノベーションになるのではないか、それを試してみようと考え、脚本づくりに取り組むことになったという次第です。

脚本は、私の調査研究活動の中でお聞きした中小企業のいくつかのエピソードをもとに、2016年の7月ごろから執筆し始め、2017年の1月に第1稿が完成しました。しかし、脚本を書いてはみたものの、これが本当におもしろい話になっているのかどうか、自信がありませんでした。また、どうやって演劇として公演することができるのかも分かっておりませんでした。そこで、私が懇意にしている知り合いの中小企業関係者や大学の同僚などに相談してみました。

「突飛な話ですが、最近、中小企業のコメディ演劇の脚本を書いてみたんです……」と切り出すと、大抵の方は目を丸くして驚かれました。確かに、いままで論文や専門書しか書いてこなかった私がいきなりそんなことを言い出して、びっくりしないわけはないと思います。皆さん、驚きつつも、私の脚本を読み、おもしろい、これはなんとかして上演すべきだ等々の励ましの言葉をかけてくださり、とても勇気が出ました。そして、様々な方からアドバイスをいただき、実際の演劇として上演するには、この脚本に興味を持ってくれる劇団にお願いするのが最も現実的であることが分かりました。

大阪市立大学には劇団カオスという唯一の学生劇団があります。そこで、まずは劇団カオスにお願いしてみようと思いました。劇団カオスには知り合いの学生が一人もいなかったため、3月末に新入生勧誘のために劇団のビラを校門付近で配っている劇団員の学生に思い切って声をかけてみました。

「私は商学部の教員なのですが、実は教育研究と演劇のコラボのようなことを考えていまして……」と私の脚本の舞台化について切り出してみました。驚きながらも私の話に興味を持ってくれて、劇団の全体会議に持ち帰ってもらえることになりました。

会議を経て、劇団内でもやってみようという声が上がり、当時の劇団座長の表野智樹さん（理学部生）と私とで何度か意見のすり合わせをしました。そして、その年（2017年）の8月25日（金）、26日（土）、27日（日）の3回公演で大阪市立大学田中記念館ホールで劇団カオスによって上演されることが決定しました。脚本は劇団の男女の役者の数に合わせて、登場人物の性別を変更するなどの修正を加えて、劇団カオス用の第２稿を作成しました。ちなみに、本書はこの第２稿をベースに書籍用に再編集したものです。

上演が決定したことから、大学広報室や私の所属する商学部でこの企画について話をしたところ、ちょうど商学部で翌年度（２０１８年度）に新学科「公共経営学科」が立ち上がるので、その設立プレイベントとして開催しましょうと、話が大きくなりました。そして、大学広報室がプレスリリースをしてくれることになりました。それをきっかけに、新聞やテレビの取材を受けるまでに至りました。新聞では、日刊工業新聞、大阪商工新聞、全国商工新聞、中小企業家しんぶんで、テレビでは読売テレビの番組「かんさい情報ネットｔｅｎ.」で取り上げていただきました。

演出については劇団カオスの朝比奈宏樹さん（商学部生）が担当することになりました。制作（裏方のまとめ役）は同劇団の青木玲さん（生活科学部生）が主に担当されました。朝比奈さんと青木さんの指揮のもと、６月末頃から稽古と準備作業が開始されました。７月末から8月上旬には大学の前期試験（定期試験）があります。そのための試験勉強期間も考えると、実質的には稽古期間が1カ月程度しかないという状況のなかで、準備を進めていただきました。ちなみに、宣伝美術担当で、公演のチラシやパンフレットのデザインを作成いただいた同劇団の谷村ひよりさん（法学部生）に、本書の装丁と挿絵をお願いいたしました。

定期試験が終わった8月に、町工場への理解を深めるために、劇団員と私で、大阪市東成区の㈱光製作所にお邪魔しました。工場内を見学させていただき、溶接体験までさせていただきました。また、社長や従業員の方々に日々の経営や作業のことについて、いろいろとインタビューいたしました。光製作所は板金のお仕事をされている従業員10名の企業で、脚本に出てくる町工場「掛井板金」とほぼ同業種、同規模の企業であり、大変参考になりました。

実は、光製作所に訪問するきっかけとなったのは、脚本の中に出てくる「カタツムリ」でした。あるイベントで光製作所がカタツムリのオブジェを販売されていました。たまたまそのイベントに参加していた私がそれを見て、「これは脚本に使える！」とピンときて購入いたしました。そのご縁で、今回の演劇のことを光製作所の井上社長にお話ししたところ、劇団員とともに工場見学をさせていただくことになりした。しかも、ご親切にも、光製作所で実際に使われている作業服をお貸しいただき、公演当日、衣装として使用させてもらいました。

以上のような経緯で、公演が予定どおり2017年8月25日（金）、26日（土）、27日（日）の3日間、3回公演で上演され、400名以上のお客さんにご来場いただきました。笑いと涙と拍手に包まれた100分のコメディ演劇となりました。毎回、演劇の後には中小企業研究者と役者を交えて演劇の感想や裏話を語るというアフタートーク（30分）を行い、斬新なエデュテイメント・イベントとなりました。

私が人生で初めて書いた脚本が演劇として本当に上演され、多くの方々に見ていただき、そして、このたびは書籍として出版されることになり、信じられない気分です。いま自分は実は寝ていて、ずっと夢を見ているのではないかとさえ思っております。

周囲の方々のご協力と励ましに深く感謝いたします。とりわけ、劇団カオスにはこの演劇企画を快く引き受けていただき、とてもおもしろい劇に仕上げてくださったことに感謝の念が尽きません。

また、昨今の厳しい出版事情のなか、同友館の佐藤文彦さんには私の思いを理解してくださり、この脚本の出版を進めるという相当勇気の要る決断をしていただいたことに、感謝いたします。この本が全国の書店や図書館等に置かれ、これを手に取った方が脚本を楽しく読んでくださることを祈っております。そして、その中のどなたかがまた演劇として実際に上演してくださることを心から願っております。

なお、この本の最後には、「エピローグ」と題して、継ぐまちファクトリーの制作過程の裏話やストーリーに関わる解説などを書いております。脚本を読んでいただいた後に、こちらのほうも是非お読みいただければ幸いです。

目次

登場人物

●掛井剛（たけし）　主役。父は掛井実、母は掛井静子。1人息子。京都のとある市役所で勤務。年齢は30歳
●掛井実（みのる）　たけしの父で㈱掛井板金の社長。板金職人で創業者。68歳
●掛井静子（しずこ）　たけしの母。64歳
●広田理子（りこ）　たけしの彼女。高校の先生をしている。29歳
●野崎和真（かずま）　たけしの役所の同期。30歳
●倉本　掛井板金の工場長。みのるの少し下くらいの年。たけしを幼いころから知っている
●森下　掛井板金の若手従業員。入社6年目。25歳
●佐藤　大江戸銀行の墨田支店の支店長
●山中　ヤマナカ金属㈱の社長
●ヤマナカ金属㈱の従業員
●こむろ　高校1年生
●営業先の赤津部長
●工場見学の参加者Ａ・Ｂ

舞台にはプロジェクターで写真がスクリーンに映し出される仕組みとなっている（できればスクリーンは舞台中央に配置する。中央が無理であれば横に自立式スクリーンを用意してポータブルプロジェクターで投影する）。場面はスクリーンに映し出される写真によって変化する。京都の役所の場面であれば、お寺など京都らしい風景が映し出される。工場の場面では、工場の機械が並んでいる写真、展示会の場面では、展示会場でブースが並んでいる写真となる。営業先の場面など、場所をとくに強調しなくてもよいときは、ビルの風景写真などを映すか、もしくは、何も映さない。

場面が変わるときにシナリオ上は暗転と書いているが、暗転は基本的には無いものと考える。場面転換時には舞台にライトがついた状態でいったん出演者が袖に退場し、また袖から人が出てきて場面が変わる（プロジェクターに映し出される写真も変わる）。ただし、時間経過をより効果的に示したい場合は、ライトを消して暗転を入れる。なお、企業の零細性を強調するため基本的に「工場」という台詞は「こうじょう」ではなく「こうば」と読むこととする。

シーン1　幽霊現る

客席の明かりが消え、サウンドが流れだす。スクリーンにはタイトルが映し出される。タイトルが消え、京都の夜景の写真が映し出され、舞台に明かりがゆっくりとつく。舞台上にはテーブルと椅子（2～3脚ほど）。書類とノートパソコンをかかえた主役のたけしが登場。やや疲れた様子だが、残業に意欲的に取り組んでいる。テーブルに書類をどさっと置き、椅子に腰かける。パソコンを開き、書類を物色しつつパソコンに打ち込むという作業をしている。ネームホルダーに職員証を入れ首からぶら下げている。

顔に白い仮面のようなもの（遠目にみると顔が白塗りされているように見えるもの）を被った人（実は同僚のかずま）が登場し、たけしの背後から叫ぶ。

かずま　（たけしの背後から大声で）たーけーし!!

たけし　!?（大声に驚き、声が出ない）……（ゆっくり振り返ってみると白塗りの顔の奴がいて）ひゃあ!!（腰が抜け、椅子から転げ落ちる）

かずま　たーけーし！（たけしにゆっくりと近づく）

たけし　（しりもちをついたまま観客のほうに逃げながら）お、お前、誰だ！

かずま　・・・・

たけし　私は・・・・。（間を置いて）幽霊だ！

かずま　幽霊？

たけし　そうだ、幽霊だ！　地獄からこの世に舞い戻ってきた幽霊だ！

かずま　ひぃぃい！（恐れながら）なにしに来たんですか？

たけし　お前の日ごろの態度に問題があるから来たのだ！　お前はこのところいつも残業ばかりだ。残業をしなければいけないのは、お前の仕事のやり方に問題があるのだ！　そもそもお前は・・・・

と、適当な説教を続けている間に、たけしは白塗り男が首からネームホルダーを下げていることに気づく。じりじり近づいて、そのネームホルダーの職員証を見る。

たけし　お前、かずまだろ！　職員証にお前の名前が書いてあるぞ！

かずま　（白仮面を取ってニヤリとして）正解だよ！

たけし　（ほっとして）なんだ、かずまか！　やっぱ、かずまか！　いやあ、良かったー。ビビったー。ほんとに幽霊出たかと思って、焦ったー。

かずま　こんな雑な幽霊、いねえだろ。で、お前、まだ仕事してんの？　ここんとこ、残業続きだな。

たけし　（机に戻って資料を整理しながら）おう、議会始まったからな。また議会資料頼まれたんだよ。

かずま　地方公務員ってのも楽じゃねえな。

たけし　そういうかずまも今日は残業か。珍しいな。やっぱ、議会始まったからか？

かずま　いや、俺はちがうよ。終業時間になって帰ろうと思ったんだけど、なんか腹減ってさ。引き出しにカップラーメン入れてたからさ、これ食ってから帰ろうと思って。

たけし　お前、ラーメン食ってただけか。ラーメン食うのに何時間かかってんだよ。

かずま　ラーメン食ったら眠くなっちゃってよ。で、気づいたら寝てて、いまだったたってわけ。（ヘラヘラ笑う）

たけし　お前、なんか、人生、テキトーだな。

かずま　テキトーくらいがちょうどいいだんよ。お前は真面目すぎんだよ。議会なんてのもどうせテキトーなおっさんがテキトーな議論しかしてねえんだから、そんなもん、テキトーに書類つくっときゃいいんだよ。

たけし　お前の性格、ちょっとうらやましいわ。

かずま　そういやあ、お前、今日、理子ちゃんと会うとか言ってなかった？プロポーズ、そろそろすんじゃなかったっけ？

たけし　……（ため息まじりで）そうなんだよ。ほんと、今日こそは、バシッとプロポーズしようって考えてたんだけどさ……。そういうときに限って急な仕事入っちゃうんだよなあ。

かずま　そんな焦んなくっても、理子ちゃんだったら、大丈夫じゃねえか。三十路っていってもさ、いまどき、「行き遅れ」って感じじゃねえし。

理子ちゃん、高校の教師にやり甲斐感じてるんだろ。寿退社《ことぶき》したいわけでもなさそうだし。

たけし　そうなんだけど。大学時代から付き合って、もう10年目になるからさ。10年の節目ってことで、ここはビシッと決めたいわけよ。

かずま　そんなもんかな？　とりあえず、適当に仕事なんか片づけて、早く理子ちゃんに会ってやれよ。じゃあ、俺はぼちぼち帰るわ。

たけし　おう、じゃあな。もう脅かしに来んなよ。

かずま　（舞台袖に向かいながら）こねえよ。じゃあな。

かずまが出ていく。たけしは仕事の続きをする。ふと気になって、ポケットから携帯電話を取り出して、電話をかける。

たけし　……（電話がつながって）あっ、理子？　オレオレ、たけし。夜中にごめん。もう寝てた？　……今日は約束してたのにまたダメになってごめん。……、メールしたけど、直接謝ろうかなって思って……。あと、ちょっと声聞きたくなっちゃって。……。

と理子と会話をしつつリラックスして笑顔になっているところに、カミナリの音がして、急に真っ暗になる。

たけし　（急に電気が真っ暗になったことに驚いて）あれっ？　ええっ？　停電かな？　……うん、いま急に電気が消えて……。カミナリ落ちたのかな……。

みのる　たーけーしー！　たーけーし!!

電気がつくと、たけしの父、みのるが立っている。白装束姿で頭には三角形の布をつけている。いかにも昭和風の古い幽霊といういで立ち。たけしのほうは見ていない。客席のほうをじっと見ている。

たけし　おい、かずま！　しつこいわ！　（携帯の理子に）ごめん、また、かずまのやつ、俺を驚かそうとして幽霊の格好してやがんの。後で電話するわ。（電話を切る）

たけし　（幽霊に近づいて）お前、今度はなに本格的な幽霊の格好してんだよっ！　確かに、もう1回くらい来るかなってちょっと思ったけど！

など言いながら、たけしはさらに幽霊に近づく。よく顔をみると、かずまではなく、自分の父親のみのるであることに気づく。

たけし　えっ⁉　うわっ！　…．父ちゃん？　父ちゃんだよな？　なんで父ちゃん、京都にいんの？　嘘だろ？　東京の工場は？　出張？

みのる　（たけしを見てびっくりする）うわっ‼　お前、たけしじゃねえか！　びっくりした！

たけし　いやいや、訳分かんないわ。びっくりしたのこっちだよ！　父ちゃんが俺の名前呼んでたんだろ！　なんで父ちゃん、こんなとこにいんの？

みのる　俺さ、死んじゃったんだよ。

たけし　は？　つまり、幽霊ってこと？

みのる　そう、俺、幽霊。

たけし　いや、ないないない。普通、幽霊が「俺、幽霊」って言わねえもん。

みのる　普通って、おめえ、幽霊の普通、知らねえだろ。この俺の姿見てみろ。バリバリ幽霊だろうが！

たけし　いや、幽霊が「バリバリ幽霊」って言うか？

みのる　信じらんねえと思うけど、ほんとなんだよ。今日さ、工場終わってから家に帰ったときに急に心臓が痛くなったんだよ。で、玄関で倒れ込んで。体が動かねえんだよ。あれだよ、心筋梗塞ってやつだよ。あーこれが噂の心筋梗塞かーって思ってたら、意識が朦朧としてさ。そのまま死んじゃったんだよ。

たけし 死んじゃったって、自分で死んじゃったって分かんの？ で、なんで幽霊になって、ここにいんだよ？

みのる そう、そうなんだよ！ あー俺死んだなって思ったときに、お前が工場を継いでくんないと困るなって思って。これお前に言わねえと、あの世に行けねえなって思ったんだよ。で、必死にお前の名前叫んでたら、幽霊になって、ここに出てきたってわけだよ。

たけし はぁ？ 工場継ぐ……？ いや、待ってくれよ。俺、京都で公務員やってんだよ。公務員辞めて工場継ぐの？

みのる そうなんだよ。頼むよー。

たけし 父ちゃん、一言もそんな話してなかったじゃん。

みのる そうなんだよ、お前が大学生のときにそういう将来の話とかしねえとなぁって思ってるうちに、なんか、お前が公務員試験受かっちゃったからさ。それで、なんか言いそびれてさ。俺もまだそんとき真剣に後継者のこと考える歳でもなかったからさぁ、まあ、そのうちなんとかなるかな、なんてタカくくってたんだよ。で、いざ死んだときに、こりゃ、マズいなって……。とにかくさ、工場継いでくれよ。頼むよ。そうじゃねえと、俺、成仏してあの世に行けねえんだよ。母ちゃんと従業員のこと、頼んだからな。

たけし　…いや、あのさ、どんなドッキリか知らねえけど。そんなこと信じねえよ。

たけしの携帯電話の音が鳴る。

たけし　（急な携帯電話の音に驚く）うわっ!?（携帯画面に出ている表示を見

て）か、母ちゃん!?
（携帯に出る）もしもし母ちゃん！　いま父ちゃんがさ……う、うん……ええっ!!　うそっ？　そうなの？……父ちゃん、死んだの？……なんで？……心筋梗塞!?……。もしかして今日仕事に帰ってきてから？……うそだろ。

みのるは「じゃあ、頼んだぞ」と言って、そそくさと部屋を去っていく。

たけし　ちょっと、父ちゃん！（携帯の母親に向かって）……いや、違うんだよ、父ちゃんの幽霊が今来たんだよ。……ほんと、いま俺の職場に出たんだよ！　いや、こんなこと言い争ってる場合じゃないわ。そっち、そっちにすぐ行くわ。新幹線、間に合うかな。（時計を見て）とにかく、いったん家帰ってまた電話する。（電話を切る）

あわてふためきながら、書類やパソコンを手に持って退場。テンポの良いサウンドが流れる。さっきの幽霊の父みのるがたけしが退場したのを確認しつつ舞台に再び出てきて客に話始める。サウンドは少し静かになる。

みのる　（客席に向かって）そういうわけで、たけしのやつが東京に慌てて帰ることになりましてね。これから工場がどうなるかってのを皆さんに見てもらいたいわけです。……。あっ、申し遅れました、私、享年68歳、たけしの父の実《みのる》でございます。どうぞよろしくお願いいたします。あのー、遠慮なく拍手していただいていいんですよ。

などと言いながら、客に無理矢理拍手をさせようとする。

みのる　まばらな拍手、どうも、ありがとうございます。しかし、あれですよね、幽霊の身なりってのは、こんな感じなんですかね？　いや、私もね、幽霊になるのは初めてなんでね、えらい純和風だなと思って。日本で幽霊になったら、こんな感じになるもんなんですかね？　また、皆さんも死んだとき自分がどんな幽霊になるのかを楽しみにしておいてください。さて、さっきのあのおっちょこちょいな息子たけしは私の一人っ子でしてね。京都のとある役所で公務員やってるんですがね、町工場を継いでもらわないと困るわけですよ。そうしないと、死んでも死にきれないってことで、私がこのように出てきたっていう具合です。まあ、本当に継いでくれるかどうか、皆さん、ぜひ、見守ってやってください。じゃあ、またお会いしましょう。（みのる退場）

サウンドが大きくなって舞台はいったん暗くなる。スクリーンは京都の夜景から町工場の風景に切り替わる。

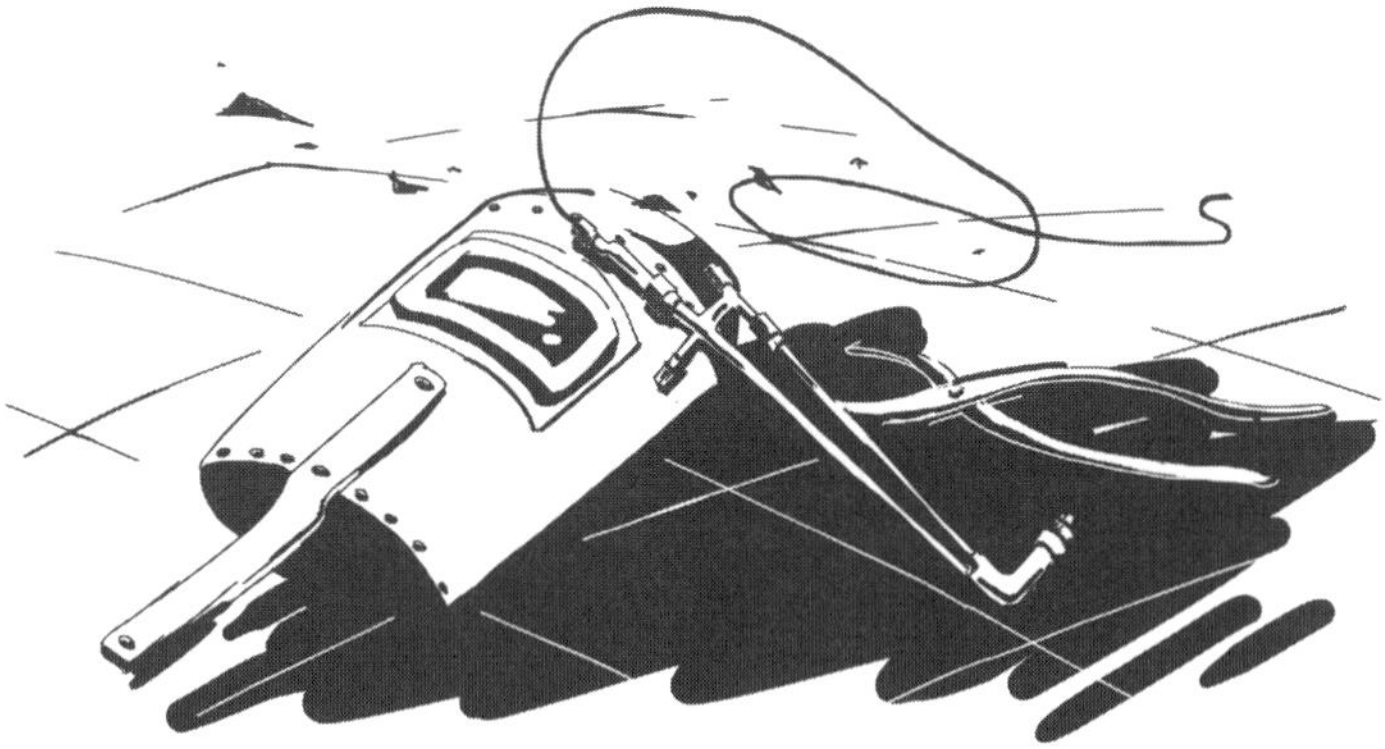

シーン2　継ぐ気はないのに

舞台に明かりがつくとともに、掛井板金の従業員、森下が入ってくる。作業服姿。森下は片手に金属のオブジェのようなものを持っている。もう片方には、缶コーヒー。椅子に座って、オブジェは机の上に置く（客には何のオブジェか分からないように横に倒して）。疲れた様子で、缶コーヒーを飲んでる。タオルで顔の汗をぬぐったり、作業服を扇いで、体に風を送り込んだりしている。
そこに、従業員の倉本が同じく、缶コーヒーを持ってやってくる。

倉本　おう、おめえも休憩か。
森下　あ、倉さん、お疲れさまっす。
倉本　（椅子に腰かけて、コーヒーを飲んで）しかし、実感わかねえな。社長が死んじゃったって。
森下　そうっすね、いまも普通に工場にいそうですもんね。
倉本　あんなにピンピンしてたのに。心筋梗塞って、ほんと、突然来るんだな。

森下　家帰ったとたん、だったそうですよ。葬式とかやらずに、俺ら普通に働いてていいんすかね？

倉本　なんか社長の遺言なんだって。専務、言ってた。俺が死んでも葬式なんかやるなって。普段どおりに工場開けろって。あの人らしいわ。でも、遺言残してたってことは、やっぱ、社長、どっかで死期、悟ってたんかもな。

森下　専務、大丈夫っすかね？

倉本　専務もまだ実感わいてねえみてえだけど、落ち込んでんだろうな。たけちゃん、おととい、京都から帰ってきたみてえだから、専務も心強えんじゃねえかな。

森下　専務とたけしさん、どっちか工場継いでくれるんすよね？

倉本　いや、どっちも継がねえかもよ。専務はそりゃ、社長の奥さんだし、これまで社長と二人三脚で工場やってきたけど、もう来年で65になるんだって。自分は継がないって言ってた。たけちゃんに継がせてえみてえだな。でも、たけちゃんは京都で公務員やってるから、わざわざ、こんな汚ねえ、みすぼらしー町工場に戻ってこねえんじゃねえかな。

森下 じゃあ、俺たち、どうなっちゃうんすか？　工場たたんじゃうんすかね？

倉本 ほかのみんなも、どうなるのか、不安がってたよ。ちょっと前に入社したばっかの田中だって、最近、息子が生まれたばっかだろ。職無くなっちゃったら大変だよな。俺もこの年で職みつけんの、厳しいわ。

森下 じゃあ、倉さん継いでくださいよ。職人のなかではこの工場一番長いんだから。

倉本 やだよ、俺は。そんな器じゃねえし。そもそもさ、借金の個人保証の問題とか株式の問題とかあるから、やっぱ身内じゃねえと難しいこと多いんだよ……。

森下 そっか……。社長、なんで死んじゃったんすかね。なんかお調子もんでしたけど、いい人でしたよね。残念です……。

倉本 そうだよな……。俺なんて、社長と30年の付き合いだからさ、ほんと、ショックだよ……。

倉本と森下が落ち込み、溜息。会話がなくなる。倉本がふと机の上にある金属のオブジェに目をやる。

倉本　そういやあ、さっきから気になってたんだけど、これ何？　なんか、変な形の部品だな。

森下　倉さん、部品じゃないですよ。これは、カタツムリですよ。（客にカタツムリの形が分かるように、いままで横にしていた金属オブジェを縦にして置き直す）

倉本　（オブジェを見て）おぉっ。確かに、カタツムリだ。お前が作ったの？

森下　はい。

倉本　なんで？

森下　いや、なんかね、日之出さんから頼まれた部品加工やってたら、あれっ、これカタツムリに形似てんな、って思って。で、端材使って、空いた時間にちょこちょこっと作ってみたんすよ。

倉本　ふーん。これ、何？　誰かに売んの？

森下　いや、こんなもん、売れないでしょう。事務所の隅にでも飾っとこうかなって程度っす。でも、社長に見せて喜んでもらおうと思ったのに……残念です。社長の仏壇に飾ろうかな。

倉本　そんなカタツムリ見て、社長、喜ぶかな。

森下　意外とかわいいやつ、社長、好きだったから、喜ぶと思いますよ。そういやあ、蝶々のオブジェも作ってみたんで、倉さんにも冥途の土産に1個あげましょうか。

倉本　なんだよ、冥途の土産って。俺がもう死ぬみてえに言うんじゃねえよ。

森下　ほんと、タダであげますんで、死んでも、俺にとりつかないでくださいね。

倉本　だから、俺はすぐには死なねえって。なんだよ、とりつくって。
森下　だって、倉さん、とりつきそうな顔してるじゃないですか。
倉本　とりつきそうな顔ってなんだよ。そんな顔、聞いたことないわ。
森下　なんていうですかね、往生際の悪そうな顔ですよ。
倉本　往生際の悪そうな顔も聞いたことねえわ。俺の顔に恨みでもあんのか。

倉本がたけしの姿を見つけて、呼びかける。

倉本　あれっ、たけちゃん。おーい、たけちゃん。工場来てたの？

たけしが入場。

たけし　倉さん、お久しぶりです。森下君も久しぶり。うちの母ちゃん、見なかったですか？

倉本　専務？　いや、今日は見てないよ。こんなことになっちゃったから、てっきり家で落ち込んでんじゃねえかって思ってたけど。

たけし　いや、それが、母ちゃん、父ちゃんの棺を前に悲しむとか、そんなん全然無くって。なんか、ずっと掃除機かけてんの。

倉本　掃除機？

たけし　そう、掃除機。こっちは、母ちゃんと父ちゃんの思い出話でもしようって思っててんのに、ずっと掃除ばっかしてんの。で、ちょっと職場に電話しなきゃいけなくって、掃除機の音うるさいから、外で電話してたら、いなくなっちまって。いまさらだけど、やっぱ、うちの母ちゃん、変わってるわ。

倉本　まあ、確かに、専務、変わってるけど、やっぱ、じっとしてられないんじゃない？　俺らだって、そんな感じだもん。工場で働いてるほうが気がまぎれるっていうか、落ち込みがマシっていうか……。で、たけちゃんは大丈夫なの？　急なことで大変だったね。

たけし　うん、実感わかねえってのが正直なところかな。こういうのってじわじわ後からくんのかも。でも、いま考えたら、父ちゃん孝行、全然できなかったから、それが心残りだわ。父ちゃん、ハワイに行きたい、行きたいって、ずっと言っててさ。でも、仕事忙しかったから、行く暇無くって。無理にでも連れてってあげたらよかったなって、思ってんだよね。

森下　そっか、社長、ハワイに憧れてたんっすね。

倉本　憧れのハワイ航路ってやつだな。でも、そうだな、日之出さんのとこの仕事の納期、どんどん短くなってるし、細かい注文も多くなってきててさ。まあ、社長はまとまった休み、取れなかったよね。

たけし　そういやさ、父ちゃん死んじゃった日の夜、1人で職場で残業してたらさ、父ちゃんの幽霊が出たんだよ。

森下　えぇっ？

倉本　はあ!?　うそだろ？　夢だろ？

たけし　そうなんだよ、俺も最初そう思ったんだよ。でも、夢じゃねえんだよ。白装束着て、頭に三角のやつ付けてた。

倉本　（しばらく間があった後、笑って）いやいや、ないないない。それ、ぜってえ、夢だよ。

森下　（笑って）そうっすよ。そんなベタな幽霊、おかしいっすよ。いるわけないじゃないっすか。白装束はまだしも、頭に三角のやつって……。（森下と倉本、思わず吹き出して、さらに笑う）

たけし　いや、本当なんだって。母ちゃんも全然信じてくんなかったけど、これ、本当。間違いなく、この目で見たし、しゃべったんだよ。

森下　（笑いながら）社長、なんてしゃべったんすか？

たけし　工場のこと頼む、って。（倉本・森下が顔を見合わせて真顔になる）

森下　じゃあ、……あれですか。たけしさん、工場継ぐんすか？

たけし　……いやいや、俺には無理だわ。そんな柄じゃねえし、京都で公務員やってるし。

倉本　でも、社長、工場を頼む、って言ってたんだろ。そりゃ、おめえ、継いでほしいってことじゃん。

森下　そうっすよ。社長の最後の言葉ですよ。重く受け止めてくださいよ。

たけし　いや、あんたらさっき、散々、夢だのベタだの、言ってたじゃん。

倉本　（ごまかしながら）いやー、それ、やっぱ、きっと社長だよ。なんて言うか、社長の魂っていうか、あれだよ、社長のソウルだよ。

森下　魂とソウル、同じ意味ですけどね。

倉本　たけちゃんにどうしても工場継いでくれって伝えたかったんじゃねえかな。なあ、森下？

森下　そうですよ。それ、ぜってえ、ほんもんっすよ。

たけし　２人とも、都合よくねえか。

たけしの母、静子が入場。手には図面のような紙をもっている。

静子　倉さん、これ、日之出鉄鋼さんとこの例の図面、なんか間違えて、うちの自宅にＦＡＸで届いてたよ。

倉本　あれ？　専務、工場なんか来て大丈夫なんすか？

静子　別に家にいても仕方がないからね。父ちゃん、生き返るわけでもないしさ。葬式はするなって遺言だから来客あるわけでもないし。日之出さんのやつ、頼んだよ。

倉本　へーい。じゃあ、いっちょ、やってきますわ。

森下　俺もやりますわ。（倉本と森下、退場）

たけし　母ちゃん、さっきさあ、父ちゃんのハワイのこと、倉さんと森下君に話してたんだよ。やっぱ、ハワイに行かせてあげたらよかったなって。母ちゃん、俺、金出すからさ、ハワイに行って来たら？

静子　なんであたしがハワイ行くんだよ。別にあたしが行きたいわけじゃないのに。

たけし　父ちゃん、母ちゃんと行きたがってたけど、そっか、１人じゃ、嫌だよね。俺も一緒に行こうか。

静子　あんた、なに、とんちんかんなこと言ってんだい。あたしゃ、父ちゃんと一緒だろうが、あんたと一緒だろうが、ハワイなんか行きたくないよ。外国なんて何があるか、分かったもんじゃないよ。強盗に襲われるかもしれないしさ。きっと銃で撃たれるよ。

たけし　いや、極端だろ。

静子　そもそもさ、飛行機が嫌なんだよ。鉄の塊がなんで宙に浮くのか、不思議だよ。あんなの普通落ちるよ。

たけし　何時代の人だよ。

静子　そんなことより、たけし、日之出鉄鋼さんに挨拶行かなきゃだめじゃん。うちはずっと下請けやらせてもらってんだから。

たけし　えっ？　どういうこと？

静子　だから、うちは日之出鉄鋼さんところの下請なんだから、社長変わったら挨拶行くの当然じゃないか。

たけし　いやいや、ちょっと待って。何言ってんの。社長変わったら挨拶行く？　なんで？　俺が社長やんの？

静子　当たり前だろ。あんた父ちゃんの息子だろ。しかも、父ちゃんの幽霊出てきて、そう言っただんだろ！

たけし　あんたら、さっきから都合のいいときだけ、父ちゃんの幽霊信じるよな。いやいや、俺、継がないよ。

静子　あんた、何、馬鹿なこと、言ってんの？

たけし　母ちゃん、継いだらいいじゃん。

静子　あんたね、もうあたし64だよ。来年で65だよ。またすぐに後継者問題に直面すんだから、いまあんたが継ぐほうがいいだろ。

たけし　俺の京都の生活どうなんだよ？

静子　やめて、こっちに住めばいいじゃん。

たけし　いやいや、簡単に言うけどさ……。

静子　あんたね、自分の生活のことばっか言うけどさ、こっちの社員の生活どうなっちゃうんだよ？　社員9名の生活守らなきゃいけないだろ。みんな、路頭に迷っちゃうよ。年取って転職ってそう簡単じゃないよ。職人ばっかでさ。新しい職見つけられたとしても、いまから器用に新しい人間関係つくれると思うかい？　大変だよ。

たけし　分かるけどさ。それだったら、倉さんに社長やってもらったらいいじゃん。一番古株だし。

静子　あのね、倉さんだって、歳だし、第一、借金の保証はどうすんだい。父ちゃん、会社の借金すんのに個人保証取られてんだよ。自宅も土地も担保に入れて借金してんだよ。倉さんにその個人保証引き継げって、言うのかい？　自宅担保に入れて、会社のために借金してって言うのかい？　やっぱ親族が継ぐのが丸く収まんだよ。

たけし　……。（追い込まれて、抵抗を試みる感じで）あれだよ、ちょっと言うの早いかもしんないけど、結婚しようと思っている女の子が京都にいんだよ。

静子　そうかい。そりゃ、母ちゃん、嬉しいよ。早く結婚しな。

たけし　だろ？　だからさ、遠距離になったら別れちゃうじゃん。

静子　なんで別れる必要あんだよ？　こっち来てもらったらいいじゃん。工場で働いてもらったらこっちも助かるよ。

たけし　いや、彼女だって仕事あんの。高校の教師やってんだよ。

静子　そうかい。じゃあ、東京来てまた教師やったらいいじゃん。こっちも高校たくさんあるよ。

たけし　……。そっか。なるほど。そうだね……。いやいや、ちょっと待って。えっと、いま、継ぐか継がないかの話だったよね。継がないよ。俺、絶対継がないよ！

静子　もうあんたも、わがままだね。

たけし　そうかなあ……。

静子　あんたがね、そうやって継がないってダダこねるんじゃないかと思ってね、実はもう出しちゃったんだ。

たけし　出した？　何を？

静子　あんたの退職届だよ。

たけし　退職届？　はあ？　そんなことある？　母ちゃんが？（笑う）そんなの受理されるわけないじゃん。

静子　お前の職場の友達、誰だっけ、あの、なんとか君。えーと、野崎君だっけ。

たけし　うん、かずま？　野崎和真？

静子　そうそう、野崎和真君。あんたんとこの役所に電話かけたら、その子が出てさ。あの子おもしろい子だね。いろいろしゃべってたら意気投合してさ。あんたの退職届、課長に出しときますってさ。

たけし　（大声で）そんなことある？　ないない。（はっと気づいて）いや！　ある！　あのお調子者だったら、ある！。

静子　じゃあ、頼んだよ。日之出鉄鋼さんに挨拶行くんだよ。（静子はそそくさと退場）

たけし　いやいや、俺、継がないからね、聞いてる、ちょっと！（たけしも静子を追いかけて退場）

サウンドが流れだし、スクリーンの風景が京都に変わる。

シーン3 仕事は安泰？

たけしと理子が歩きながらしゃべっている。

たけし　・・・という展開でさ。
理子　で、役所辞めることになったのね。
たけし　そう・・・。せっかく大学4年のときに就活もせずに、公務員試験一筋で勉強して、やっと入ってさ、一通り仕事もできるようになってきたのに・・・。もちろん、母ちゃんが出した退職届が受理されたわけじゃないよ。さすがに、本人の意思が尊重されるからさ。でも、やっぱ、いろいろ考えたらさ、母ちゃんの言ってたとおり、俺が継ぐのが一番いいのかなって。父ちゃんも継いでほしかったみたいだし・・・。
理子　そういえば、お父さんの幽霊出たって、言ってたしね。
たけし　そうなんだよ。誰も信じてくんないけどね。っていうか、みんな、都合のいいときだけ、信じるけどね。
理子　継ぐってたけちゃんが決めたんなら、それでいいと思うよ。応援するよ。

たけし　理子……。

理子　しばらくは遠距離になっちゃうけど。

たけし　落ち着いたら必ず……なんて言うか、迎えに行くから。

理子　うん、待ってるからね。

たけし　ありがとう、理子。

理子　でも、いつ落ち着くかな？

たけし　それは大丈夫。すぐ落ち着く。うちの工場は大口顧客がいてさ。そこの下請なんだけど、仕事は安泰なんだよ。まあ、毎年のコストダウン要求は厳しいけど、それはどこでもそうだし。だから、大丈夫。すぐに慣れて、落ち着くから。心配しないで。大船に乗った気分で待ってて。

理子　分かった。

という会話をしている間に、みのるが登場。

みのる　（客席に向かって）と、ここまではよかったんですがね。まさか、この後に掛井板金始まって以来の最大の危機が訪れようとは……。私もまったく予想してませんでした。（みのる退場）

たけしの携帯電話が鳴る。

たけし　（携帯電話の表示を見て）おっ、いま、ちょうど話してた大口顧客の日之出鉄鋼さん。仕事の相談だと思う。ちょっと出るわ。（電話に出る）もしもし。はい、そうです、掛井です。……いまですか？……はい、大丈夫ですよ。先日のご依頼の件ですよね……。……えっ？

どういうことですか？　最後の仕事になるって？　……（明らかにたけしの様子が落ち込んでくる）はい、詳しいことは、また直接伺って……。はい。分かりました。明日ですね……。……はい。失礼します……。

理子　なんか、あったよね？　……たぶん、よくないことだよね？

たけし　……うん。日之出鉄鋼さん、今後、中国に仕事出すって。うちとの取引、見直すって……。っていうか、いまの発注分で最後になりそうだって……。

理子　そっか……。困ったね……。

たけし　（落ち込んでいる理子を見て励ますように）いや、大丈夫！　さっき、大丈夫って言ったよね。大船に乗った気分で、とも言ったよね。男に二言は無いから。ほんと、なんとかなるから。とりあえずさ、ちょっといまから東京に戻るわ。また連絡するわ。大丈夫、大丈夫。じゃあ、また。（と言うなり、急いで退場。理子も心配してたけしを追いかけるように退場）

シーン4 初の営業活動

スクリーンの風景は工場に変わる。みのる登場。

みのる まさか、30年来の付き合いの日之出鉄鋼さんから切られるとはね……。しかも、こんな突然。あそこも、最近、息子に社長譲って。たぶんその息子の判断だったと思うんですよね。このあと、たけしのやつ、何回も日之出さんのとこ訪ねて、仕事出してくれねえか頼むんですけど、全然取り合ってくれねえみたいです。いやあ、とんでもない時にたけしに継がせることになっちゃったって思ってるんですけど……。

倉本、森下、静子、たけしが入場。明らかに全員落ち込んでいる。一斉に大きなため息。

倉本 さすがに日之出さんに切られたら、もうウチはダメじゃないですかね？

森下 ウチは日之出さんの下請でここまでやってきましたからね。

たけし みんな、すぐに諦めずにさ、営業やって仕事取ってきたらいいじゃん。日之出さんから同業他社のリストをもらってきたからさ、ここに営業かけたら、なんとかなるよ。従業員9名の生活もかかってんだからさ、がんばろうよ！

倉本 営業なんてウチではいっさいやったことないからなぁー。

森下 俺、上がり症なんで、無理っす。

たけし 分かった。じゃあ、俺がやるから。とりあえず、倉さんと森下君は一緒に付いてきてよ。

みのる登場。

みのる　と、こんな感じで、掛井板金始まって以来初の営業活動が始まったんです。

倉本、森下、静子、たけし退場。スクリーンの風景がビル群に変わる。
たけし、倉本、森下が出てくる。営業先の会社のロビーで待ち合わせしている雰囲気。時計を見るなどしながら、アポを取った部長を待っている。
赤津部長が現れる。

赤津部長　（たけしに近づいて）あなた、掛井さんですかね？　私、赤津ですが。
たけし　あ、赤津部長。はい、（姿勢を正して）私、掛井板金の掛井と申します！　部長、今日はお忙しいところ、ありがとうございます。（たけし頭を下げる。倉本、森下もなんとなく頭を下げる）
赤津部長　営業なんでしょ。日之出さんとこの下請切られたって噂で聞いたから。

たけし　お察しのとおりです。ウチはいま仕事に困っておりまして。日之出鉄鋼さんと同じ造船関係のお仕事をされている御社であれば、何かウチでお役に立てることがあるのではないかと思い、参った次第です。

赤津部長　あっそう。で、掛井板金さんのとこってどんな仕事してたの？

たけし　はい、うちは板を曲げるという仕事をしておりました。

赤津部長　いや、それは大体、会社名で分かるよ。板金でしょ。具体的には船の中のどんな板金加工を担当してたの？　あれ、製缶みたいなやつ？

たけし　そうですね……。（困って倉本と森下に視線を投げかける）

倉本　えっと、あのー、わりと大物の板金をウチはやってます。

赤津部長　どこのパーツを担当してんの？　何かの設備みたいなのを作ってんの？

倉本　あのー、分かんないです。とにかく、板切ったり、曲げたり、溶接したり、そういう感じです。

赤津部長　なに作ってるのか分かんないで、作ってんの？

倉本　そうですね。なにに作ってるか分かんないですね。

たけし　えっ、そうなの？

森下　そうなんすよ、たけしさん。日之出さんから図面が来て、そのとおりに作ってただけなんで。それが何の部品なのか、どういう設備に使われてんのか、知らないんすよ。ねえ、倉さん？

倉本　そうだな、うちは完全下請だからな。俺ら、完全な指示待ち人間だよな。

森下　そう。最初会社入った頃は、これ何に使うんだろ、とか疑問に感じてたんすけど、いまは疑問にすら感じなくなりましたもんね。はははは。（倉本と森下、あっけらかんと笑う）

たけし　2人とも笑いごとじゃないよ。

赤津部長　どんな仕事ができるか分からないんだったら、仕事の出しようがないな。

たけし　（焦って）ちょっと待ってください赤津部長。いまちょっとした醜態をさらした感じになっていますが、これは逆にポジティブに捉えてもらってはどうでしょうか？　つまりですね、ウチはどんな仕事でもやれるっていう、そこが、ある種の強みですね！

倉本　たけちゃん、どんな仕事でも、っていうのは、そりゃ言い過ぎだわ。できない仕事だってあるから。なあ、森下？

森下　そうっすね。そこんとこ、日之出さんが大体把握してて、ウチでできるやつしか図面送ってこないですもんね。やっぱ親企業あっての下請企業っすよね。その下請出してくれる親がいなくなっちゃったんですから、俺ら、なに企業になんすかね？　仕事待ってるから、待ちうけ企業ですかね。

倉本　いや、待ちぼうけ企業だな。はははは。（笑）

森下　倉さん、うまいこと言いますね。ははは。（笑）

たけし　はははじゃねえよ！　あんたら、ここ居酒屋じゃないんだから！　いま、営業に来てんだよ！　営業先の大事な場面なんだよ！

赤津部長　（イライラして）これ以上は時間の無駄のようだな。失礼させてもらうよ。（退場）

たけし　いえ、あの、ちょっと待ってください。赤津部長。赤津部長！

たけし、倉本、森下も赤津部長を追いかけて退場。

シーン5 営業はつらいよ

みのる登場。

みのる　こんな感じで来る日も来る日も営業続けたんですが、まあ営業は見てのとおりヘタクソですし、そもそも造船業界の仕事は前から縮小の一方なんで、どこ行っても断られっぱなしで。もう日之出さんからもらったリストの会社も行きつくしちゃって。しまいには、とにかく、ウチの工場でなんか売れるものがないかって、森下君が作ったこのオブジェみたいな物なんかも雑貨屋とか百貨店に持って行ったんですけど（オブジェを手に持っていて、それを客に見えるように掲げる）。全然引き合いなかったみたいです。たけしは、とにかく手当たり次第、飛び込みで営業やることになったんすよ。

たけし登場。連日の営業で疲れ気味。だが、気合いで営業をかけようと奮起している。会社の外観などを確認して、ここに営業をかけてみようかと考えている。そこにヤマナカ金属の山中社長と従業員が現れる。

従業員　社長！　なんか、うちの会社のことを物色している奴がいますよ。

山中　おぉ、そうだな。なんか動きが怪しいな。

従業員　あいつね、たぶん公務員ですよ。長年公務員やってる奴って、なんか独特の動きがあるんすよ。あいつ、その公務員独特の雰囲気ありますね。

山中　そんな話聞いたことないけど、そんなのあんのか。でも、公務員が何しに来たのかな？

従業員　ははーん。分かりましたよ。ズバリ、税務署の職員ですよ。うちの税金の申告について何か探ってるんじゃないですかね。

山中　うちはちゃんと申告してるぞ。そんな疑われることはしてないけどな。

従業員　税務署の奴は性悪説で生きてますからね。善良な市民でも疑いの目で見てるんでしょう。

と、二人がしゃべっていると、たけしが意を決して、近づいてくる。

山中　あいつ、こっちに来たぞ。（おびえる）

従業員　なんか目が血走ってて怖いですね。

たけし　（大きな声で）あのう、こちらの会社の方ですよね。ちょっとお話いいですか？

山中　あ、はい。なにか御用ですか？

たけし　はい。営業で参りました！

山中　営業？

従業員　わたし、公務員の知り合いが多くって、公務員を長年やっている方は

たけし　大体分かるんですが、あなた、公務員っぽい雰囲気ありますよね？
分かりますか？　バレちゃうもんなんですね。

山中社長と従業員は、ちょっと待っててください、と言って、たけしから少し離れたところで密談する。

従業員　やっぱり！
山中　君、すごいな！
従業員　あいつ、やっぱり税務署の奴ですよ。所得とか経費とかの申告について調査しにきたんじゃないですかね。
山中　最初、営業とか言って、営業マンに扮していたのか。それにしても、あの人、目がすごく血走っててなんか怖いな。
従業員　なんなんでしょうね？

山中　なにかの疑いをかけて必死で調べてるのかな。とにかく聞いてみようか。

山中社長と従業員は密談を終え、たけしに再び近づく。

山中　お待たせしました。あなた、どうもさっきから体が熱いというか、目が血走っているんですが、なにかあったんですか？

たけし　（間をあけてから）そうなんです！　お察しのとおりです。深刻なんです！

山中　申告！

従業員　申告！

たけしに、ちょっと失礼と言って、再び2人が密談を交わし始める。

山中　やっぱり申告の件で来てるぞ！

従業員　申告漏れがあったんですかね！

山中　ここは堂々としていないと。さらに疑われるからな。

山中社長と従業員は密談を終え、たけしに再び近づく。

山中　申告ってことは分かりました。で、どうしてほしいのですか？

たけし　うちでできる仕事がないでしょうか？

山中　えっ!?

従業員　おたくのような業界でも仕事をお探しなのですね？

たけし　安泰だと思っていたのですが、うちの業界も案外厳しくて。
山中　どんな仕事ができるのでしょうか？
たけし　うちは曲げるのが得意です。

再び2人が密談。

従業員　曲げるというのは、事実をねじ曲げるということですよ。つまり、所得や経費をうまくごまかす、ということですよ。
山中　きっと、そうだ。税務署からそんなことを言ってくるなんて、日本もそんな時代になったのか。世も末だな。

山中社長と従業員は密談を終え、たけしに言う。

山中　あなた、とてつもない仕事をやっているね。いつからやってるのですか？

たけし　そうですね、かれこれ38年は。

山中　38年！

従業員　38年！

たけし　そうなんです。38年間、ずっと地道に曲げ続けています。わりと大きいやつを曲げるのが得意なんです。

従業員　大きいやつって、かなり大きく数字をごまかすってことですよ。恐ろしい。しかも38年にも渡って！

たけし　（得意げに）評判は良いですよ。曲げるにも歴史的に蓄積された技術が必要ですから。でも、お安いお値段でさせていただきます。どうかお願いします。

従業員　（社長に）あいつ、賄賂を要求してますよ！

たけし　!?……なんのことですか？

山中　もう結構です。お引き取りください！　うちはそんなことに関わるわけにはいかないです！　お断りさせていただきます！

たけし　ちょっと待ってください。なにか誤解があるような・・・。（とすがるが、２人は退場）板金って必要とされてないのかなー。もうダメかも・・・。（と言ってトボトボ退場）

スクリーンの映像が工場に切り替わる。

シーン6　大江戸銀行

スーツを身にまとった女性が入ってくる。大江戸銀行の墨田支店の支店長、佐藤である。

佐藤　（袖にいる静子に聞こえるように大声で）あのー、お邪魔します。大江戸銀行の佐藤と申します。

静子　（袖から登場）はいはい。大江戸銀行さん？　いつも、どうも。

佐藤　初めまして、わたくし、半年前に大江戸銀行墨田支店に赴任しました佐藤と申します。（名刺を渡す）

静子　ああ、そうですか、ご苦労さまです。掛井板金の専務の掛井静子です。（受け取った名刺を見て）あれっ？　支店長さん？　あなた、支店長さんなんですか？　女性の支店長さんなんですね。わざわざ、支店長さんがお越しくださるとは・・・。

佐藤　すみません、半年間、ご挨拶が遅れまして。取引先が多いもので、なかなかご挨拶に伺うことができなくて。たまたま近くに寄ったもんですから、ちょっとご挨拶をと思いまして。

静子　支店長さん自らいらっしゃるなんて、いままでそんなこと無かったですけどね。

佐藤　支店長であっても現場に行かないとお客様の実態が分かりませんから。ところで、先代の社長がお亡くなりになったとのことで、このたびはご愁傷さまでした。

静子　いえいえ、父ちゃん死んだ実感がないんで、お気づかいなく。

佐藤　息子さんが継がれたとお聞きしましたが、ご商売のほうはいかがでしょうか？

倉本と森下が遠くから様子をうかがっている。

静子　商売ねえ。そりゃあ、なかなか大変ですよね。

佐藤　日之出鉄鋼さんとのお取引は順調なのですよね？　もうずっと30年来のお付き合いとかで。２年前の工場の改装の借り入れも1年前の設備投資の借り入れも日之出鉄鋼さんとのお仕事を見込んでのことですよね。

静子　あれっ？　支店長、もしかして、日之出鉄鋼さんの件、知らないんですか？　……。

佐藤　日之出鉄鋼さんの件？

と静子が言ったところで、倉本と森下が静子を呼ぶ。

倉本　専務！　ちょっとこっちきてもらっていいですか？

静子　なんだよ。（倉本と森下のところへ行く）

倉本　専務、あの人、銀行の人だよな？　たぶん、あの人、まだ日之出から下請切られたこと、知らねえよな？

静子 そう思うよ。それがどうしたんだい？

森下 そのこと言っちゃうと、あの銀行の人、大丈夫っすかね？

静子 どういうことだい？

倉本 あの人さ、先代社長が死んだから、いま大丈夫かって様子見に来たんじゃねえかな。ウチは工場とか設備とかで大江戸銀行から数千万円借金してんだろ？　そんなときに、日之出の下請切られたって言っちゃったら、担保に入れてる工場とか専務の自宅とか差し押さえて、いち早く資金を回収しようとすんじゃねえかな。いわゆる「貸し剥がし」ってやつ。

静子 あっ……。そうだよ！　これマズいね。いま借金返せって言われたら、もうおしまいだよ。父ちゃん、生命保険に入ってなかったからさ、遺産なんてまったくないしね。

森下 ここは適当にごまかしちゃいましょうよ。

静子 そうだね。分かった。

静子、佐藤のところに戻る。

静子 あの日之出さんの件って、日之出さんから新しい発注があったって話ですよ。だから、日之出さんとはいまも良好な関係を保ってますよ。支払いもちゃんとしてて。順風満帆なんで、ご心配はいらないです。

佐藤 そうですか、それは安心しました。実は、日之出鉄鋼さんも最近息子さんに社長代わられましたよね。息子さんが海外への積極的な展開を目指されているそうで、それとともに下請の選別も進められているという噂を聞きまして。ちょっと心配してたんです。もし御社が選別から漏れているようなことがあったら、当行としてもいろいろ考えないと、と思いまして。当行から御社に2千万円ほどの貸出残高がありますので、返済のことなど、ちょっと気になりましてね。

静子 (その話を聞いて焦るが平静を装って)そ、そうなんですか。日之出さん、そういう状況だったんですね。ぜ、全然、まったく、何も知らなかったです。ウチと日之出さんは先代の社長の頃から30年以上の付き合いになりますから。そ、そんな簡単に下請を切られるなんてことはないですよ。ねえ、倉さん、森下君。ははは。（乾いた笑い）

倉本　そうですよ。ウチへの信頼、なめないでくださいよ。はははは。

森下　そうっすよ。下請切られるわけがないっすよ。もし下請切られたら、もう貸し剥がしでも貸し渋りでも何でも好きにやってくれていいすっよ。はははは。（静子と倉本、森下を鬼の形相で睨む。森下、首をすくめる）

静子　とにかく、ウチは息子が社長を継いでくれて、取引先も安泰で、つつがなく商売やってますので、どうぞご安心ください。（時計を見て）あっ、もうこんな時間！　支店長、もう5時過ぎてますよ！　支店にそろそろお戻りにならないと。支店の皆さんが心配されてますよ。さあ、そろそろ帰りましょう。早く帰った方がいいですよ。（玄関へと促す）

佐藤　そんなすぐに戻らないといけないわけではないですが、そうですね、突然お邪魔してすみません。では、そろそろ失礼します。

静子　はい、さようなら。ごきげんよう。

佐藤が出ていく。佐藤が退場する前に、すれ違いざまに、ヘトヘトに疲れたたけしが戻ってくる。

たけし　（大声で）ただいまー！　母ちゃん、今日も全然ダメだったわ。やってもやっても、全然、取引先開拓できねえわ。もうこの一週間で何十社断われたかな。さすがに、心折れるわー。

佐藤はたけしであることに気づき、耳をすまして聞いている。そして、静子、倉本、森下は、佐藤が聞いていることに気づき、焦っている。静子は黙れという顔とジェス

チャーをしている。

倉本　たけちゃん、もうちょっと声のトーン、落とそうか。

森下　そうだよ、たけしさん。ちょっと落ち着こう。（佐藤に聞こえるように）新しい取引先開拓できなくっても、経営状況は安定してるから、大丈夫だよ！

静子　（佐藤に聞こえるように）そうだよ、たけし！　お前、会社継いで張り切ってんの分かるけどさ、別に新規取引の開拓とか、やんなくたっていいよ！

たけし　はあ!?　なに言ってんの？　皆、どうしたの？

佐藤がたけしに近づいてくる。

佐藤　初めまして、大江戸銀行の佐藤と申します。新社長の掛井たけしさんですよね？

たけし　はい、そうですけど。どうも初めまして。

佐藤　私、半年前に新しく墨田支店の支店長に着任いたしまして、その着任のご挨拶をさせていただこうと思い、少しだけお邪魔した次第です。さきほど、専務にご挨拶させていただいて、いま帰るところだったのですが、ちょっとお話が聞こえてきまして。

たけし　はあ。

静子、倉本、森下、固まる。

佐藤　いま、掛井社長は新規取引先の開拓をされているのですか？

たけし　はい、してます。

佐藤　なぜですか？　日之出鉄鋼さんの仕事で安定しているのではないのですか？

たけし　あれっ？　支店長さん、うちの母ちゃんから聞いてないんですか？

佐藤　何をですか？

たけし　何って、なあ、母ちゃん？　だって、日之出さんの仕事……

静子　（とっさにたけしを突き飛ばして）日之出さんの新しい仕事！　そう！なかなか今回のは量が多くて！　ね！　たけし。

たけし　はぁ？

静子　（たけしを遠ざけながら）発注量が多すぎてウチだけじゃあ対応できないかもしれないなって思いまして、外注先を見つけておくほうがいいんじゃないかって話になりまして。で、たけしが外注先を見つけに、外回りに行ってるんですよ。新規取引先の開拓ってのは、外注先の開拓ってことなんですよ。なあ、たけし！（無理矢理、手でたけしの頭を押さえつけうなずかせる）

たけし　うんっ!?（たけし、うなづく形にさせられる）

静子　でもね、ウチだけでもなんとか無理すればこなせる量ではあるんですよ。だから外注先が見つからないんだったら、まあ、無理して見つけなくっても。ねえ、そういうことだよな、たけし！（再び手でたけしの頭を押さえつける）

たけし　うんっ……。

佐藤　なんだ、そういうことですか。てっきり、日之出さんから下請の仕事を切られて、それで新規の顧客を探していらっしゃるのかと思いました。取引先開拓というのは、外注先の開拓ということですね。失礼しました。一瞬、嘘をおつきになっているのかと思って、焦りました。

静子　そんな、嘘つくわけないじゃないですか。

佐藤　そうですよね。貸し手と借り手は信頼関係が一番ですもんね。

静子　そうですよ。ははは。

佐藤　もし御社が日之出さんの下請けを切られたとなると、御社の収入がなくなりますからね。そうなると、我々としては全力で資金の回収に動かざるをえないです。担保に取っている工場やご自宅など、洗いざらいの資産をすべて押さえにかかることになりますので、従業員の皆さんやそのご家族が路頭に迷われることになります。いやあ、そうならなくて良かったです。ほっとしました。

静子　（ひきつって）そ、そうですよね。下請切られてなくて、ほんと良かったです。ははははは。

佐藤　では、私、失礼いたします。

佐藤はそそくさと退場。

森下　（佐藤がいなくなったのを確認して）あー、ビビったー！

静子　寿命が確実に縮んだよ！（床にヘタりこむ）たけし！あんたのせいだからね！

たけし　なにがどうなってんの？

静子　大体分かるだろ！　雰囲気で分かるだろ！　下請け切られたの言っちゃいけない空気だっただろ！（それでも、たけし、ポカンとしている）

倉本　でもさ、あいつ、勘づいたんじゃねえか。最後、脅しみたいなセリフ言ってなかったか。

森下　いや、もうここは勘づいてないって、信じましょう。もし、あいつが勘づいてたとしても、この緊張感から解放されただけで、もう良しとしましょう、倉さん。

たけし　あっ！　あの支店長、着任のご挨拶って言ってたけど、ウチの商売が大丈夫かどうか、偵察に来てたんだな！　それで、母ちゃんたち日之出さんの一件、ごまかしてたんだな。

静子　気づくの遅いんだよ！

倉本　たとえ、いま勘づいてないにしても、日之出さんから切られたことがバレるのは、たぶん時間の問題だろうな。

森下　そうっすね、じきに誰かから聞いてバレそうですね。

静子　これは万事休すだね。よし、分かった！　母ちゃん、いまから区役所

に相談行ってくるわ

たけし　なんだよ、母ちゃん、急に。区役所？　なに相談に行くんだよ？

静子　（そそくさと外に向かって歩き出しながら）自己破産だよ。

たけし　!?　自己破産？

静子　（出て行きながら）そうだよ、お前、自己破産しな！　そしたら、借金チャラだよ。じゃ、後は頼むよ。（退場しようとする）

たけし、慌てて静子を連れ戻しにいく。

たけし　母ちゃん、ちょっと待って！　まだ借金の取り立ても始まってないんだから！

静子　もう、まどろっこしいことはいいんだよ！　どうせ、こうなるんだから、あんた、いまのうちに自己破産しときな！

倉本と森下も静子を「まあまあ」と言ってなだめに行く。

たけし　無茶苦茶だな。母ちゃんのその先走る性格なんとかならねえかな！

静子　あたしゃ、昔からこれでやってきてんだよ！　いまさら性格変えられないんだよ！

たけし　はいはい、もう母ちゃん、分かったから落ち着いてくれよ。

静子は、うるさいよ、いつでも落ち着いてるよ、などと言いながら、ドタバタが続いている。そこに、かずまがふらりとやってくる。

かずま　こんにちはー、あれっ、なんかお取り込み中のようですね。

たけし　かずまっ！　かずまじゃねえか。久しぶりだな。

かずま　おーすっ、たけし。様子見にきてやったぞ。
たけし　（皆に向かって紹介する）こいつ、役所のときの同期のかずま。
静子　あんたがかずま君かい。あら、わざわざ、ありがとう。あたし、たけしの母の静子。
かずま　ああ、お母さんっすか。お電話では話しましたけど、お会いするの初めてですね。
静子　よく来てくれたね。
かずま　たけしが元気にやってるかなーって思って。
たけし　（暗い表情で）元気そうにみえるか？（ため息）もう工場つぶれそうだよ。
かずま　ああ、理子ちゃんから聞いたよ。だからさ、なんかの役に立つかなって思って、これ持ってきたよ。（チラシを差し出す）
たけし　（チラシを受け取って）……中小企業大総合展？　これって展示会？
かずま　そう。国が主催している中小企業の展示会。今日、経済産業省の研修あってさ、それで東京来たんだけど、研修先で配ってたんだよ。なんか国内最大規模の展示会らしいんだけど、安くで出展できるらしいからさ、お客さん見つけられんじゃねえかなって思って。展示会は3日間開催されるらしいんだけど、昨年は3万5千人の来場者だったってよ。

一同　3万5千人!?

倉本　そんなに人来んの？

森下　これは営業の効率良さそうっすね。

たけし　そうだな、これは考えてなかったな……。

かずま　応募期間ギリギリ間に合うし、役所の知り合いに聞いたら、展示ブースの空きもまだ少しだけあるみたいだし。

静子　そうだね。せっかく、かずま君持ってきてくれたし。申し込むか！

たけし　よし、これに賭けてみよう！（チラシを見ながら）この、中小企業なんちゃら機構ってとこに聞いたら詳しいこと分かんだよな。

かずま　そうだな、この時間だったら、まだ窓口やってんじゃねえかな。

たけし　よし、じゃあ、善は急げだ、かずま、お前も付いてきてくれ。

たけしとかずまが出ていく。静子、倉本、森下もぞろぞろとその後を付いていく。

シーン7　中小企業大総合展

スクリーンが展示会場の写真に切り替わる。みのる、再び、登場。みのるは登場する際に、「中小企業大総合展」のポスターが貼ってある看板あるいはホワイトボードを運び、舞台中央に設置する。

みのる　そういうことで、（中小企業大総合展のポスターを指しながら）掛井板金がこの中小企業大総合展に出展することになったんですがね。これが吉と出るんでしょうか、凶と出るんでしょうか。実は、この後、出展してみて、たけしたちは初めて気づくんですけどね、来場者が多いってことは、出展者も多いってことなんすよ。これが実はポイントでしてね……。

と、しゃべっているときに、たけしと森下が向こうから来るのが見えて、みのるはあわてて袖へ退場。

森下　（観客の方向を向きながら）こっちのほうに来たら、まだ人が歩いてますね。
たけし　ほんとだ。俺らのブースのとこよりはまだ人通りがあるな。
森下　かずまさん、3万5千の来場者って言ってたから、かなり期待してましたけど、この2日間、ウチのブースのある通りにはさっぱり人が来なかったっすね。今日、最終日っすけど、やっぱし今日もうちのブースはダメっぽいっすね。
たけし　まさか、こんなことになるとはな。確かに、来場者は多いけど、会場がこんだけ広くて出展企業もこんだけ多かったら、人通りが全然ない場所ができちゃうんだな。やっぱ、俺たち借りたブースは最後のほうまで残ってたやつだから、人が通りにくい場所のブースだって皆知ってたんだろうな。
森下　これが最後のチャンスだって思ってたけど、もう諦めましょうか。大江戸銀行に貸し剥がされる前に、なんとかうまく資産とか残す方法考えるほうがいいかもしれねえっすよ。

たけし　森下君、そんなこと言うなよ。諦めなかったら、なんとかなるって。こっちの人通りのほうが多いじゃん。だから、ここで呼びかけてみたらどうかな？

森下　なるほど。ここからブースに呼び込む作戦ですね。

たけし　じゃあ、とりあえず、俺、やってみっから。いっちょ、大声で宣伝してみるわ。

森下　おっ、たけしさん、頼もしいっす。

たけし、人通りの多い通りに向かって（舞台前方の客席のほうに向かって）、宣伝を始める。

たけし　えー私どもは株式会社掛井板金です！　掛井板金！　掛井板金！　懇切丁寧、誠心誠意がんばります！　あちらの方向に掛井板金のブースがありります。ぜひ、皆様、お越しください。掛井板金！　掛井板金！　掛井板金に皆様のお力添えをよろしくお願いします！　掛井板金に清き1票をお願いします！　掛井板金！　掛井板金！　私を男にしてください！　掛井板金！　掛井板金です！　皆様のご支援を力にいたします……。

森下　（途中で）ちょっと、たけしさん。選挙演説じゃないんだから！　変な目で見られてるじゃないですか。逆にみんな引いちゃってますよ。

たけし　そうだな。そりゃすまん……。

森下　そんなんじゃ、お客さん、逃げちゃいますよ。しょうがないですね。ここは俺がお客さん呼び込みますから、見ててくださいね。

たけし　おお、頼もしい。

森下　（舞台前方の客席のほうに寄って）お客さん！……（言葉がつまる）……。あの……、その……。……か、か、掛井……。……あのお……。そ、そのお……。ば、板金……。板金の……。板金のお……。か、か、会社の……。ばん、ばんきん、……。か、会社。は、ばんかー。ば、ば、かけばー……（としどろもどろになる）。（たけしのほうに駆け寄って）ダメです！　俺、上がり症ってこと忘れてました！

たけし　お客さん気味悪がってついに逃げちゃったよ。森下君、余計、客を引かせてどうすんの？

会社パンフレットを持ったヤマナカ金属の山中と従業員が向こう側から出てくる。

従業員　やっぱり、こっちのほうが人通りが多いですね。

山中　そうだな。うちの出展ブースのほうは人の流れが途絶えているが、ここまで来ると人が通っているな。

たけし、山中と従業員に気づく。

たけし　あれっ？　営業のときにお会いした山中社長じゃないですか……。
山中　あっ！　あなた、税務署の人じゃないですか。
たけし　はい？　何おっしゃってるんですか。私、株式会社掛井板金社長の掛井です。あそこにブースに出展している、掛井板金です。
従業員　あれっ？　税務署の人じゃないんですか？　姿が公務員っぽいので、税務署の人だとばかり……。
たけし　前に役所に勤めていたんです。先代社長の親父が急に亡くなりまして、最近、役所を辞めて私が継ぐことになったんです。
山中　そうだったんですか。それは失礼しました。
たけし　それはそうと、さきほどちらっと聞こえたのですが、ヤマナカ金属さんもこの展示会に出展されているのですか？
山中　そうなんです。（指をさしながら）私どももそちらの通りのブースに出展してるんです。
たけし　ウチと同じ通りだったのですか。人が全然来ない通りですよね。
山中　そうなんですよ。それでこっちのほうに偵察に来てみたんです。

たけし　ウチと一緒ですね。さっき呼び込みしてたとこなんです。

山中　そうですか。私もね、こっちの人通りのあるほうに来てみたんですけどね。来たはいいけど、どうやって、お客さんにアピールしたらいいのか、分かんなくて……。

従業員　（山中に）では、私はブースのほうにパンフレットを取りに行ってきます（退場）。

山中　そういえば、掛井板金さんは、どういう板金をされているんでしたっけ？

たけし　造船関係の板金で、わりと大物を得意としてるんです。

山中　そうですか。じゃあ、うちとはちょっと違う業界ですかね。

たけし　ヤマナカ金属さんのところはどういうお仕事ですか？

山中　うちは、工作機械とか自動車とかの精密部品の切削加工をしてます。（持っているパンフレットを見せながら）ここにも書いてあるんですけど、1ミクロン単位の精度で切削加工をやってまして……。ＩＳＯ9001と14001に加えて、最近、ＪＩＳＱ（ジスキュー）91

００ってのも取得したんですよ。

森下 かっこいいっすねえ。ＩＳＯってのは国際的な品質とか環境の規格ですよね。ＪＩＳＱってのは、なんすか？

山中 ＪＩＳＱ９１００は航空宇宙とか防衛分野の国際認証規格なんです。当社は、航空機の仕事も少しやり始めてまして・・・。

たけし なんかすごいですね。ＰＲできる点、たくさんあるじゃないですか。・・・そうだ！　共同戦線張りませんか？　一緒にお客さんにアピールしましょうよ。まず、ヤマナカ金属さんのＰＲからやりましょうよ。（森下に）なあ？

森下 いいですね。どうせ暇ですし。ヤマナカ金属さんのこの具体的なＰＲポイントがあれば、なんか、緊張せずに、客引きできそうっす。

山中 そうですかね？

森下 ちょっとやってみます。そのパンフレットもらっていいですか（１部もらう）。精密切削加工のヤマナカ金属でございます！　ミクロン単位の精密加工を得意としております！　ＩＳＯ９００１、１４００１、

ＪＩＳＱ９１００も取得しております！　航空宇宙分野にも進出しております！

たけし　森下君、さっきと全然ちがうじゃん。

森下　なんかね、自分の会社じゃなかったら、緊張しないんすよね。あと、ＰＲのポイントが明確っていうか、具体的だから、言いやすいんですよね。……（お客さんが話を聞きに来たパントマイム）……あっ、はい、ありがとうございます。あちらのブースです。ご案内しましょうか？

山中　いえ、私が行きますよ。

森下　いや、大丈夫っすよ。俺がブースまで案内してきますよ。（退場）

たけし　すごいですね。いきなり、お客さん食いついてきましたよ。

山中　ありがとうございます。じゃあ、次は掛井板金さんのＰＲを一緒にしましょうよ。私も恥ずかしがってばかりいる場合じゃないって分かりました。

たけし　ありがとうございます。でも……、うちのＰＲのポイントって無いんですよ。無いっていうか、よく分からないんですよ。誠心誠意がんばります、とか、懇切丁寧とか、よく考えたら、なんか具体的じゃないことばっか言ってて……。ヤマナカ金属さんのＰＲポイント聞いて、なんか、恥ずかしくなりました。

山中　……。でも、自分の会社の強みって、自分じゃ、よく分からないですよね。

たけし　とりあえず、しばらく、ヤマナカ金属さんの宣伝、続けましょうよ。私もやってみますね。（笑顔で）精密切削加工のヤマナカ金属でございます！　ミクロン単位の精密加工を得意としております！　ＩＳＯ９００１、１４００１、ＪＩＳＱ９１００も取得しております！　航空宇宙分野にも進出しております！（お客さんがまたもや食いつく）……あっ、ありがとうございます。ブースはあちらにございますので、そちらで詳しいご説明できますので。パンフレットお持ちくださ い……。

森下が板金のオブジェ（カタツムリや蝶々）を持って帰ってくる。ヤマナカ金属の従業員もパンフレットを持って戻ってくる。

森下　おお、やってますね。盛況ですね。

従業員　パンフレットの追加持って来ました。

山中　ああ、ありがとう。ちょうどよかった。ブースに案内してもらえるかな？（従業員が案内する）

たけし　森下君、なに持ってきてんの。

森下　オブジェですよ。いやね、ほら、うちの会社でＰＲできるポイントが無いじゃないですか。これ持ってると、お客さん、ちょっと興味持ってくれるかなって思って。

たけし　いや、なんか恥ずかしいわ。だって、山中さんのところ航空宇宙って言ってんだよ。うち、カタツムリとか蝶々って、なんか恥ずかしくない？

山中　いえいえ、可愛らしいですよ。あれっ！　ちょっと待って！　これって・・・？

ちょうど従業員戻ってくる。

山中　（従業員に向かって）ちょうどよかった、これ見て。これ、すごくない？（従業員もまじまじと見る）

たけし　山中さん、単なるカタツムリと蝶々の置物ですよ。すごいことはないですよ。

森下　この可愛らしさ、ハンパないっすよ。ほら、ヤマナカ金属さんたちも夢中じゃないですか。しかも、これね、ブックエンドとか、蚊取り線香立てにも使えるんですよ。

たけし これ、そんな、可愛いのかな。

山中 （熱気を込めて）いえ、この溶接です。これ曲げただけではなくて、ここ溶接されてますよね？

森下 （山中の熱気に押され気味で）は、はあ。うちの工場でやったもんです。

山中 こんなに綺麗に溶接できるんですね？

森下 そ、そうっすね。社長に、いや前の社長にたたきこまれて、うちでは大体、そんな感じで溶接してますよ。

山中 これは精巧な溶接です。（社員もうなずいている）よく見たら、この板金やレーザー加工もなかなか精緻ですね。この板金は、手作業でされたのでは？

森下 はい、これはエキセンプレスっていう工場に転がっている旧型のプレス機を使って手作業でやってみました。最新の大型機械に頼ってたらダメだって、よく前の社長が言ってて。手の細かい感覚が重要だって言って、皆、エキセンプレスでの手作業を仕込まれてたんすよ。

山中 この溶接と板金の技術はなかなかすごいと思いますよ・・・。（たけしのほうを見て）掛井さん、造船関係の大物の板金とおっしゃっていましたが、車とか家電とかの小物の精密板金加工はされたことはないのですか？

たけし　無いです。なあ？

森下　はい。うち、ずっと造船関係の下請けだったんで。最近、下請け切られちゃいましたけど。

山中　そうですか。当社が扱っている試作部品の精密板金加工を手掛けてみませんか。掛井さん、さっき会社の強みが分からないとおっしゃっていましたが、この技術は御社の強みですよ。その強みを生かせると思うのですが……。ちょっとうちのブースでその相談しませんか？

たけし　は、はい！　なあ？

森下　はい！（4人とも話し合いのためブースに行く。退場）

テンポの良いサウンドが流れる。暗転。

シーン8 父ちゃんが残してくれたもの

スクリーンが工場の風景に変わり明転。
明転とともに、倉本と静子が入ってくる。

倉本 なるほど、そういう経緯で、あの精密板金加工の仕事がうちに来たってわけですか？
静子 そうなんだよ。すごいね。
倉本 でも、ヤマナカ金属以外の会社の仕事も来てますよね？ あれは何でですか？
静子 あれね・・・。あれ、なんでだろうね。

袖で聞いていた森下が入ってくる。

森下　あれは、ウチのブースの通りに出展していた人たちも、暇なもんだから、うちとヤマナカ金属さんが相談してるところにのぞきに来て、興味持ってくれて。皆で、うちにも使えるんじゃないか、とか、あんな使い方あるんじゃないか、とか、盛り上がって。その人たちが発注してくれたんすよ。

倉本　すげえな。展示会って出展しているブースの人たち同士で仕事の話ができるっていう効果もあるんだな。

森下　俺も知らなかったっす。

静子　とにかく、日之出さんの仕事の穴がこれでなんとか埋まりそうで、よかったよ。

たけしが営業から戻ってくる。

たけし　（走ってきて）専務！　倉さん！　また1件、試作品の仕事決まったよ。

倉本　（倉本に図面を見せて）この図面なんだけど。

どれどれ。うん。分かった。すぐやるわ。お前も手伝え。

森下　はーい。

倉本と森下が退場しかけたところで、たけしがしゃべり始める。

たけし　みんな、俺謝んなきゃいけないわ。

倉本　えっ？　どうしたの？　なんか営業先でやらかしたの？

たけし　いや、そうじゃないんだ。……。（真剣な眼差しで）俺、ずっとここの工場で育ってきたのに、全然、技術のこと分かってなくてさ。うちの技術なんて平凡でどこにでもあるものだと実は決めつけてたんだ。だから、うちの会社の強みに、全然気づいてなかった。

倉本　（真剣な表情で）……たけちゃん。謝んないでよ。俺ら従業員のために継いでくれて感謝してるぜ。ありがとよ。たけちゃん、いや、社長。これからもよろしく頼むな。

森下　二代目社長！　俺らも仕事がんばってきます！（森下、倉本、退場）

たけし　……なんか、初めて社長って言ってくれたな。なんとかなって、よかった……。

静子　あんたの執念の賜物だよ。

たけし　いや、父ちゃんが残してくれた技術の賜物だよ。

静子　あんた、いいこと言うじゃないか。（時計見て）ちょっと、母ちゃん、そこの銀行で支払いしてくるわ。（静子、退場）

たけし　（天に向かって、涙ぐんで）父ちゃん。会社継ぐの嫌だったけど、なんか、やり甲斐感じてきたわ。社長、がんばってみるわ。

雷の音。たけし驚く。

みのる登場。

みのる　（泣きながら）おめえ。泣かせること言ってくれるじゃねえか。

たけし　父ちゃん！

みのる　おめえもこれで立派な社長だよ。これからは、皆のこと、頼んだぜ。

たけし　ああ、父ちゃん。父ちゃんもこれで成仏できるな。

みのる　（泣くのをやめて）成仏？……いやあ、ちょっとまだ成仏できねえなあ。成仏できねえ理由があんだよ。

たけし　えっ！どうしたの、父ちゃん？なんかまだ心残りがあんのかい？

みのる　いやあ、まあ、そんなところだけど。あれっ、まずい。（理子がこっちに来たことに気づいて、退場）

たけし　なんだよ、父ちゃん、変だな。

理子登場。

理子　たけちゃん！

たけし　理子!?

理子　なんか、一人でしゃべってなかった？

たけし　（ごまかして）いや、ちょっと一人で考えごとを……。（我にかえって）いや、それより、どうしたの、急に？　東京出張？

理子　ちがうわよ。東京での教員の臨時採用試験受かったのよ。私、東京で高校の先生やることになったの。だから、東京に住むのよ。

たけし　ええ！　そうなの！　じゃあ、遠距離じゃなくなるんだ。やったー！

静子戻ってくる。

静子　あれ、なに、もしかして、あんた結婚考えてるって言ってた彼女？

たけし　そうなんだよ、理子。東京で高校の先生やるんだって。

静子　ええ！　そうかい！　じゃあ、こっちに住むのかい！（たけしに向かって）ほら、あたしの言った通りだろ！　東京で先生やればいいって、あたし言ってたよね？　ね？　ほら、現実になったじゃん。

静子の声を聞いて、倉本、森下も出てくる。

倉本　なんの騒ぎですかい？

静子　たけしの彼女が東京で先生やるんだって。こっちに引っ越してくるって。

理子　お母さん、皆さん、はじめまして。理子です。よろしくお願いします。

静子　母の静子です、はじめまして。なんだい、そうかい。そりゃ、うれし

いねえ。お前も隅に置けないねえ。（たけし、理子は照れ笑い）

静子　じゃあ、あれだ、結婚しちまいなよ。

理子　いやあ、ちょっとまだそこまでは早いかなと……。

たけし　そうだよ、母ちゃん。またなに、先走ってんだよ。お互い仕事が落ち着いてからだよ、そういうこと考えんのは。

静子　なに悠長なこと言ってんだよ。そんなこと言ってたら、理子ちゃんに逃げられちゃうよ。

理子　大丈夫です。私もまだこれから新しい環境で仕事するので、もうちょっと落ち着いてから……。

静子　なに言ってんの。ここに住むんでしょ？

理子　いえ、とりあえずはアパートでも見つけて、一人暮らしを……。

静子　ええ、そうなの？　なんだ、そうなの？

たけし　そりゃ、そうだろうよ。だから、お互い仕事が落ち着いてからさ……。

静子　もうまどろっこしい！　分かった、区役所から婚姻届、取ってくるよ。

持ってくっから、すぐサインしな！（素早く行こうとする）

森下　専務！　また先走りすぎですよ。いつもの悪いクセですよ。

たけし　母ちゃん、いい加減にしてくれよ。とりあえず、ちょっとこっちきて。

静子、「分かったよ」と言いながらあきらめたフリをしておとなしくなるが、すぐに軽快に皆をかわして、退場。「もう母ちゃん」「専務！」と言いながら、皆、追いかけて退場。サウンド流れ出す。暗転。

シーン9 根本的な問題

サウンドが流れ出し、スクリーンに公園が映し出される。明転。たけしと理子が登場。公園を二人でしゃべりながら歩いている。手にはさっき買った持ち帰り用の紙コップのホットコーヒー（もしくは缶ジュース）を持っている。ちょうど上手にベンチがあるのを見つけ、そこに座ろうという話になる。2人座ってコーヒーを飲みながら会話する。

理子　ほんとよかったね。仕事のほうなんとかなって。

たけし　工場つぶれるかと思ったけど、なんとか生き残ったよ。それはよかったんだけど、まだ問題があってさ……。

理子　えっ？　問題あるの？　また下請切られたの？

たけし　いや、それは大丈夫。いまは10社くらいから主に試作品の注文を受けてて、とくにどこの下請っていう立場じゃないんだ。前は日之出鉄鋼さんへの1社依存で、大変な目にあっちゃったからさ、いまはなるべく取引先分散して、売り上げ依存度が高い所でも3割にはいかないようにしてんだ。

理子　すごいね、しっかり考えてるんだね。だったら、問題っていうのは大江戸銀行さんからの借り入れの件？

たけし　確かに、大江戸銀行さんには日之出さんとの安定的な取引があるって嘘ついちゃったから、それも問題なんだけど、……もっとこう根本的な問題があるんだよね。

理子　根本的な問題？

たけし　なんていうだんろうな、会社の下請体質っていうか、従業員のモチベーションかな。例えばさ、昨日、こういうことがあったんだよ。

といって、たけしは理子にコーヒーカップをわたす。舞台中央ではたけしの回想シーンが始まる。たけしは舞台中央に行く。理子はコーヒーカップを2つ手に持ったまま、その回想のシーンを見ている。

そして、（袖に向かって）工場にいる従業員たちに呼びかける。

たけし　みんなー、ちょっと来てくれないかなー。そろそろ企画会議始めたいんだけど。

たけしはホワイトボードを袖（もしくは舞台奥など）から運んでくる。森下、倉本、静子がぞろぞろとやってくる。

森下　えぇー、社長、またあの変てこな会議やるんすか？

たけし　変てこってなんだよ、森下君。企画会議だよ。うちの技術がどんな部品や製品に応用できるかとか、今後、どんな課題を解決しないといけないかとか、そういう戦略を考える会議だよ。大事な会議なんだよ。

倉本　たけちゃん、いや、社長。俺ら頭わりーのに、そんなこと考えようたって、無理だよ。それは大企業がやることなんだよ。うちら、ちっぽけな吹けば飛ぶようなみすぼらしい工場だよ。

たけし みすぼらしい工場って……。

倉本 俺らみたいな町工場、なるようにしかなんねえじゃねえか。いいじゃん、いま受注先増えてきたんだからさ、別にそんなことしなくっても。

たけし 倉さん、またいつ仕事なくなるか分かんないんだよ。いまは試作品の受注もらってるから、そりゃ単価は高いけど、継続的に受注が来るわけじゃないんだよ。常に新しいことにチャレンジしていかないとさ。

森下 またなんか起こったときに考えたらいいじゃねえっすか。

たけし それじゃ、遅いんだよ。常に新しい動きをしておかないと、こないだみたいな状況に陥っちゃうよ。

森下 そういうもんすかね。

倉本 まあ、社長の言うことも分かんないことはないけど……さ。ねえ、専務?

静子 ああ。たけしの言ってることは、分かんなくはないんだよ、頭では。頭では分かってんだけど、あたしの気持ちが全然追いつかないんだよ。あの会議始まるとさ、異常に眠くなっちゃうんだよ。

倉本　そうなんだよ、気持ちが拒否するんだよな。

森下　俺もそんな感じっす。

たけし　もう1回やってみようよ、みんな。頭で分かってくれてるんだったら、大丈夫だと思うからさ。

静子　まあ・・・、あたしらもいい大人だからね。

倉本　面倒だけど、やってみっか。

森下　俺、今日はぜってえ寝ねえっす。

たけし　（ホワイトボードの前に立って）じゃあ、みんな、今日はさらっとやって終わることにするから、集中していこう。（ホワイトボードに書き出す）とりあえず、うちの「精密板金」がどういう新しい用途に使えるか、「市場」を皆で考えよう。とくにいままでやったことのない分野でいえば、「ロボット」、「医療」、「環境」・・・。（とホワイトボードに書いていく）このほか、どんな分野に・・・。（この間、全員ウトウトして寝る）全員、もう寝てる！　寝んの早すぎだよ！

回想終わり。たけしは理子のベンチに戻る。

たけし って、こんな感じなんだよ。

理子 なるほど、そっか。みんなのやる気の問題なのね・・・。（たけしと理子がしゃべっている間に静子、倉本、森下は起き出して、仕事に戻る感じで退場）

たけし うちの工場、長年下請だったじゃん。黙ってても仕事が来てさ、言われたことだけをやってたからさ、自分たちで新しい市場とか技術を開発していこうっていう気概がないんだよ。

理子 たけちゃん、根本的な問題って言ってたけど、それは町工場に対する誇りの問題かも。自分たちなんてどうせ、みたいな感じに皆思ってんじゃないかな。仕事とか技術とか工場にプライドを感じることができないから、新しいことに積極的に取り組もうってならないんじゃないかな。

たけし　するどいこと言うな、理子。
理子　うちの学校の高校生でも同じようなことがあるから。
たけし　そっか、誇りの問題ね……。あっ、なんか、ごめん、いつも俺の仕事のことばっかしゃべって。理子のほうはどうなの？　こっちの高校、うまくやってる？
理子　うん、毎日楽しくやってるよ。副担任任されることになって、張り切ってるよ。
たけし　そりゃ、よかった。
理子　そういえば、明日、よろしくね。
たけし　明日？　何のこと？
理子　やっぱり、忘れてると思った。うちの生徒が明日工場見学に行くって話。
たけし　ああ、そうだった。何人来るんだっけ？
理子　1人よ。
たけし　あれっ？　たった1人だけだっけ？

理子　そう。ちょっとクセのある子で……。

サウンドが入って暗転。
たけしと理子はサイレントでしゃべりながらベンチを立って退場。

シーン10 心

スクリーンは工場に変わる。次の日。静子が入ってきて、伝票の整理などをしている。

理子と高校生のこむろが入ってくる。こむろはスカートの下にジャージを履いている。

静子 あら、理子ちゃん。待ってたよ。

理子 こんにちは、今日はお世話になります。この子が今日見学させてもらう高校1年生のこむろさんです。

静子 うちみたいなちっちゃい汚い町工場で、いいのかね。なんの勉強にもなんないと思うけど。

理子 普段、工場の中に入ることがないから、きっと勉強になると思います。こちらこそ、忙しいところ、すみません。

静子 全然いいんだよ。仕事がちょっと増えたっていっても、基本的には暇にしてるからね。でも、いま、たけしがちょっと打ち合わせに行っててね。そろそろ帰ってくると思うんだけど。（と言っているところに、たけしが戻ってくる）あ、きたきた。

たけし　ただいま戻りましたー。ごめん理子、打ち合わせ長引いて、遅くなっちゃった。

理子　大丈夫。いま来たばっかりだから。

たけし　じゃあ、始めようか。（袖に向かって）倉さん、森下君、お願いしていいかなー。

倉本と森下が作業場から出てくる。

理子　倉さん、森下君も、お忙しいところ、すみません。

倉本　ああ、いいってことよ。君かい、今日、見学する高校生ってのは？よろしくな。

こむろ　・・・。

森下　お嬢ちゃん、名前なんていうの？

こむろ　……。

森下　えっとー。理子さん、あれかな、この子、外人なのかな？　日本語が通じてねえみてえなんすけど。

理子　すみません、彼女、ちょっと人見知りで。高校1年のこむろさんです。（こむろに）お世話になるんだから、ちゃんと挨拶しなきゃ。

こむろ、ふてくされながら、しぶしぶ少しだけ頭を下げる。（なお、脚本上は「こむろ」と書くが、理子以外は全員、「小室」という漢字と思い込み、苗字だと認識している）

森下　これかー。これが新人類ってやつかー。うちの工場についに新しい人類が来ちゃいましたよ、倉さん。

倉本　おめえが言うな。おめえもかなりの新人類だよ。まあ、なんか事情があんだろ。なあ、こむろちゃん。とりあえずさ、せっかくだから、工場見ていきなよ。あ、そうだ。プレスとか溶接とかもちょっとやってみるかい？

理子　危なくないですかね？

倉本　俺らが付いいて教えるから、大丈夫だよ。森下、じゃあ、こむろちゃんに軍手貸してあげて。

森下　へーい。じゃあ、工場行きましょう。先代社長直伝の俺の板金の技も見せてやるぜ、こむろっち。

さあいこいこ、などと言いながら、倉本、森下、こむろが退場。

静子　（理子に）あの子、確かに、変わってるね。なんかあったのかい？

理子 そうなんです。こむろさん、ずっと高校に来てないんです。

たけし 昨日、理子に聞いたんだけど、こむろちゃん、いわゆる「引きこもり」ってやつらしい。

静子 引きこもり？

理子 こむろさん、転校生なんですけど、クラスにどうも馴染めないようなんです。で、学校、休みがちになっちゃって。たまに出席したときには、クラスのみんなから「引きこもり」ってからかわれて、それでますます来づらくなってしまったようなんです……。

たけし 確かに、引きこもりってイジられんの、つらいなー。

静子 引きこもったら、ますます引きこもってしまう、悪循環だね。

理子 なんとかしてあげたいんですけど、学校に行きたくないって言ってるのを無理に連れていくのも難しいので、今回、社会科見学の一環ってことで、工場見学に連れていくことにしたんです。とりあえず、外に出るきっかけがあったらいいなあって思って。

静子 なるほどね。しかも、大企業の見学とかだったら、たった1人の学生の見学なんか受けてくれやしないからね。

理子　そうなんです。こんなことに付き合わせてしまって、ごめんなさい。

静子　いいんだよ、いいんだよ。こむろちゃんが外に出るきっかけになったんだから、嬉しいよ。

理子　そう言ってもらえると助かります。ありがとうございます。じゃあ、私もちょっと工場のほう見に行ってきます。

理子、退場。

静子　理子ちゃん、生徒思いのいい子だねえ。あんたにはもったいないよ。早く結婚しないと、逃げられちまうよ。区役所の窓口であたしの幼馴染み勤めてるからさ、婚姻届け、出してきてあげようか。

たけし　そういえば、母ちゃん、俺の退職届も勝手に出そうとしてたもんな。

静子　その先走るクセ、やめてくれよ。
あんたね、あたしが先走るって言うけどね、あんたがノロマなんだよ。そもそもさ、男っていうのはね、女を引っ張っていかなきゃいけねえんだ。あんた、そういうこと・・・・

と静子がしゃべっているときに、大江戸銀行の佐藤支店長、登場。

佐藤　ごめんください。大江戸銀行の佐藤です。
たけし　あっ！　佐藤支店長！
静子　えっ!?　佐藤支店長？
佐藤　先日はどうも。
たけし　・・・・。
静子　・・・・。えっと、今日はどういうご用件で？

佐藤　先日、お伺いしたときに、日之出鉄鋼さんの件、安定的に受注しているとおっしゃっていましたよね？

たけし　あ…はい。

佐藤　私は、借り手と貸し手の信頼関係が大事だと言いましたよね。

静子　…はい。

佐藤　どういうことだか、分かりますよね？

静子　…。もしかして、下請け切られたのバレちゃいました？

佐藤　やはり、そうですか。日之出鉄鋼さんの下請けを切られたという噂は本当だったんですね。

静子　あっ、この人、ズルいわー！　誘導尋問だったんだね！　引っかかったわー。

たけし　佐藤支店長、嘘をついてしまったことはお詫びします。実は、あのときは、日之出鉄鋼さんに下請け切りの宣告を受けて間もない頃で、新規受注先の目途が立っていない状況だったもので、とっさに嘘をついてしまいました。いまは、なんとか目途が立ちまして、収益のほうも

佐藤　大丈夫じゃないかと思っています。

たけし　それも嘘じゃないでしょうね？

佐藤　これは本当です。契約書や帳簿見てもらえれば分かります。

佐藤　そうですか。では、また詳しい状況については、日を改めて伺うことにします。

たけしと静子、ほっと胸をなでおろす。

佐藤　（かなり怒った顔と口調で）ですが、次にまた私の気分を害すことをされましたら、そのときは覚悟してください！　では、今日はこれで失礼します。

たけしと静子、凍り付く。佐藤、退場。

静子　今日のところは、日之出さんの件の真偽だけを確かめに来たようだね。

たけし　また今度、書類を用意して、経営状況を佐藤支店長に説明してみるよ。誠意をもって伝えれば、分かってくれるんじゃないかな。

静子　どうだろうね、あの女支店長、結構怒ってたからね。「覚悟してください！」ってビシッて言われちゃったし。あーあ、日之出さんから切られて、次は大江戸銀行さんから切られて……。結局、町工場ってのはつらいことばっかだね……。

たけし　いや、まだ大江戸銀行さんから切られたわけじゃないから。

倉本、森下、理子、こむろが戻ってくる。こむろはしゃべっていないが、倉本、森下、理子がワイワイしゃべっている。

森下　こむろっち、なかなかやるじゃん。
倉本　そうだな、筋がいいなあ。板金も溶接もうまくできてたぜ。
たけし　倉さん、森下君、おつかれさんでした。
倉本　おお。うちなんて普段、見学に来る人なんていねえからさ、なんか新鮮だったよ。工場のみんなも喜んでたよ。こむろちゃん、ちょっとは勉強になったかい？
こむろ　……。
倉本　相変わらずしゃべんねえな、こむろちゃんは。
森下　倉さんがさっき、ひょっとして引きこもりなの？　とか、こむろっちにデリカシーのない質問するから、余計、しゃべんなくなったんすよ。
倉本　確かにデリカシーなかったよ。俺が悪かったわ。でも、おめえ、その「引きこもり」ってワードを蒸し返すのも相当デリカシーないぞ。
森下　あ、そうっすね、引きこもりってNGワードですよね。
倉本　またそのワード言ってるじゃねえか。おめえが引きこもっとけ！
森下　倉さん、うまいこと言いますね。

たけし　全然うまいこと言ってない！　っていうか、２人して何回、引きこもり言うんだよ！

静子　こむろちゃん、ごめんな。あのおじさんたち、悪気はないんだよ。気をつかってむしろ悪い方向に行くタイプっていうのかな、要するに、馬鹿なだけなんだよ。許してやって。

こむろ　……。

倉本　こむろちゃん、ほんと、ごめんな。俺たち、馬鹿でよう。まあ、また気が向いたらおいでよ。な。

森下　結局、こむろっち、一言もしゃべんなかったけど、意思疎通ができることが分かったからさ、また来なよ。

理子　ありがとうございました、倉さん、森下君。じゃあ、ちょっとそこまでこむろさん送って行きます。たけちゃんとお母さんもありがとう。

と言って、理子はこむろを連れて退出しようとする。しかし、こむろは立ち止まり、倉本や森下のほうに歩み寄る。こむろ以外の全員が、あれっ、どうしたの？　という感じになる。こむろはこわばった表情で無言でゆっくり近づいてくる。緊張感が漂う。

こむろ　あの……。今日は……。（長い間の後）ありがとうございました！

理子　こむろさん……。

森下　こむろっち、しゃべった……。（みんな、顔を見合わせて唖然としている）

こむろ　……工場、楽しかったです。なんか工場の中ってワクワクして、すごく楽しかったです。ありがとうございました！

倉本　……おぉ、ありがとよ。また来いよ。

こむろはうなずいて、退場。理子もこむろを送るため退場。

残された４人に、温かい空気が漂う。

森下　なんですかね、このちょっとした感動。
静子　そうだね、なんかジーンときたね。
倉本　心っていうか、ハートが、温かくなったな。
森下　心とハート、同じ意味ですけどね。
静子　なんか、いい話のラストみたいな気持ちになったね。
森下　あれですよ、ルパン三世カリオストロの城のラストシーンみたいな気持ちにならなかったっすか？
倉本　いや、違うな。となりのトトロのラストっぽい気持ちじゃねえか。
静子　いやいや、みんな、全然違うよ。ガンダムのラストだよ。アムロが脱出してみんなに会いに行くとこの感動だよ。
森下　いや、それは大げさっすよ。ぜってえ、カリオストロですよ。
倉本　いや、トトロだな。
静子　ガンダムだよ！　これは譲れないね。
たけし　（真剣な表情で）みんな!!
森下　あれっ、たけしさんも、なんか新しい案出しますか？　魔法少女まどか☆マギカっすか？　渋いところで、のび太の恐竜っすか？

倉本　なんでさっきからアニメの話になってんだよ。

たけし　（目を輝かせて）これじゃないかな！　俺たちに必要なことって、これじゃないかな！

静子　アニメ、見るってことかい？

たけし　違うよ、母ちゃん！　こむろさんが工場を見学して、体験学習をして、そして、なんか変わっただろ！　で、俺たちも、なんか、誇りっていうか、モチベーションっていうか、そういうのが湧いてきただろ！　だから、地域の学生とか、いや、学生だけじゃなくて一般の住民の人たちとかに、工場を見学してもらって、作業の体験とかしてもらうってのはどうかな。町工場って普段目にするけど、中で何してるか分かんないじゃん。でも、実際に工場見てもらったり、作業体験してもらうと、こむろさんみたいに、ワクワクした気持ちになったり、勉強になったりすんじゃねえかな。しかも、俺たちも、工場にプライド持てたり、仕事のモチベーションも上がるんじゃねえかな。

森下　えーと、社長、何言っているか全然分かんねえっす。

静子も倉本も首をひねってまったくピンときていない。そこに理子がこむろを見送って戻ってくる。

理子　皆さん、本当にありがとうございました。こむろさん、とても喜んでて、私もびっくりしました。町工場の機械とか作業とか、すごく魅力的だったみたいで、刺激を受けたようです。なんか、前向きな気持ちになったみたいです。

倉本　いやー、そうかい。嬉しいよなー。俺らもさ、がんばって仕事しようって気になるよな。こっちがむしろやる気をもらったわ。

森下　そうっすね、なんかみすぼらしい工場って思ってたけど、町工場に、こう、人の心を動かす力があると思うと、なんか誇りを感じちゃいますね。

静子　そうだね。プライドを持って仕事できるね。新しいことにチャレンジできそうだよ。

たけし　みんな、それ！　それだよ！　すごくいいこと言ってるじゃん！　しかも、すごくいい表現で説明してんじゃん！

森下　はあ？　もう1回言いますけど、社長、何言ってるか全然分かんねえっす。ねえ、倉さん。

倉さん　ああ。社長、なに1人で興奮してんの？（静子、森下、倉本は全然ピンときてない）

たけし　なんて言ったら理解してもらえるかな。ちょっとみんなとりあえず工場に来て。工場で説明するから！

たけしに誘われて、全員、退場。軽快なサウンドが流れる。暗転。

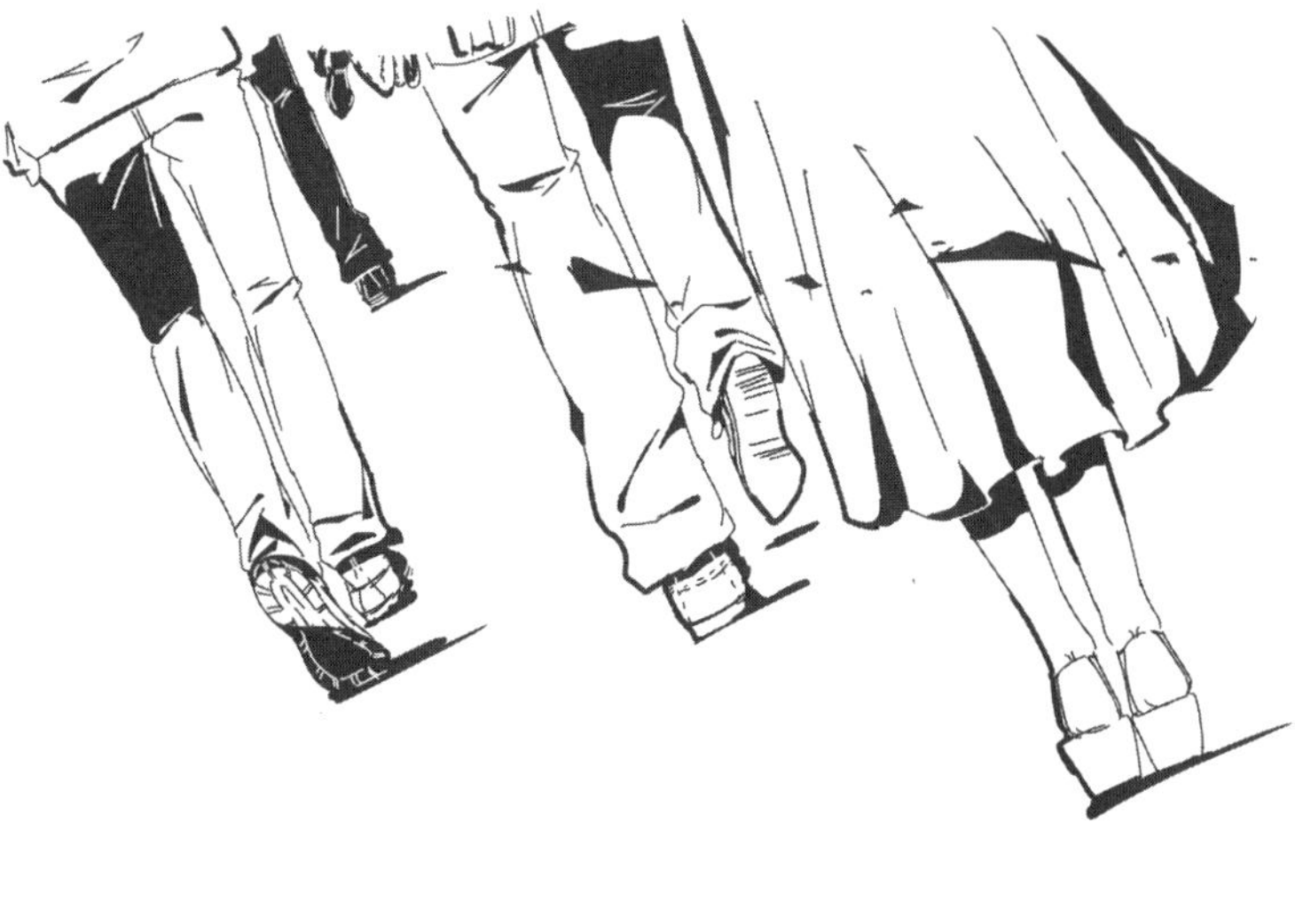

シーン11 地元の町工場

袖から見学を終えた人々がやってくる。軍手などを外しながら、おもしろかったですね、などの感想を言い合って出てくる。たけし、倉本、森下も出てくる。見学者はめいめい掛井板金のパンフレット（もしくは工場説明のチラシ）を手に持っていたり、脇に挟んでいる。

たけし　皆さん、おつかれさまでしたー。今日の工場見学は以上になりまーす。今後とも掛井板金をよろしくお願いします。ありがとうございました！

参加者一同、笑顔で拍手。倉本、森下は笑顔で軍手を回収したり、帰り道を案内したりしている。

参加者A　いやあ、社長、今日はありがとう。俺、近所に住んでるから、いつも工場の前は通るけど、工場の中を見たのは初めてで、勉強になったし、楽しかったよ。

たけし　そう言ってもらえると嬉しいです。ありがとうございました。

参加者B　掛井板金って単に板を曲げてるだけの工場かと思ったけど、いろんな設備があって、いろんな加工やってんだね。

倉本　はい、板金を行うブレーキプレスのほか、穴あけをするタレットパンチプレス、切断をするシャーリングマシン、金属を自由に切るレーザー加工機などいろんな種類の設備がありますね。

参加者B　でも、手作業の部分も大事だっていうのが、結構意外だったわ。

倉本　そうんなんす。うちはいま精密板金が事業の柱になってきてますから、精密なやつはどうしても手作業じゃないと細かい加工ができないんすよ。機械と手作業の組み合わせで仕事こなしてるんすよ。

参加者B　なるほどねえ。精密になると機械のほうが優れているようなイメージあるけど、人間の技が大事になるんだね。

参加者A　溶接もあんないろんな種類でやってるんですね。

森下　溶接って一口に言っても、さっき見てもらったとおり、ガス溶接とか半自動アーク溶接とかティグ溶接とかあって、素材や形状やコストで使い分けてんるすよ。

参加者A　へー、おもしろいですね。またいろいろ教えてください。今日はありがとうございました。

参加者B　地元の町工場、みんなで応援してるから、がんばってね。

などと見学者の帰り際に、たけし、倉本、森下は質問に答えたり、感想を聞いたり、激励を受けたりしつつ、見学者を見送り、見学者は退場。

森下　今日もみなさん、喜んでくれましたね。

たけし　この工場見学企画、地元のみなさんに好評で、よかったよ。

倉本 みんなに興味持って見てもらえるってのは嬉しいことだな。うちの工場のやつら、挨拶なんてろくにできなかったのに、いまじゃ、大声で挨拶できるようになってさ。なんか工場に活気が出たっていうのかな、元気になってきたよな。しかも、工場が綺麗になってきたな。

森下 やっぱ外から人がくるから、綺麗にしとかなきゃって意識働くんすよね。

倉本 あと、地元の人から、がんばって、とか、応援してるよ、とか言われると、嬉しいよな。

森下 やっぱ、町工場でも、いろんな新しいことやって、がんばっていこうって思いますよね。

たけしは倉本と森下の話を嬉しそうに聞いている。

たけし　そういやあ、今日の高校生のインターンシップ、こむろちゃんじゃなかったっけ？

森下　こむろっち、さっき、来てましたよ。だいぶ明るくなりましたよね。最近は学校もちゃんと行ってるみたいだし、ほんと、よかったっすよ。

倉本　わけえやつが工場に来ると、工場もなんか盛り上がるなあ。わけえやつに作業教えることで、逆にこっちが学ぶことも多しさ。（たけしに）いま、高校生の就業体験、インターンシップだっけ？　あれ、こむろちゃん含めて３名だけど、もうちょっと増やしてみてもいいんじゃねえかな、社長？

たけし　そうだなあ。あんまし、受け入れ増やすと、そのケアで仕事大変にならないかな。

などと相談をしていると、静子が血相を変えて飛び出してくる。

静子　ちょっと、たけし！　こむろちゃんが大変なことになったよ！

たけし　えっ!?　どうしたの？

静子　ヤケド！　ヤケドしたんだよ！

倉本　えぇっ！

森下　マジっすか？

静子　なんか、こむろちゃん、工場のみんなが目を離してるすきに、作業着着ずにTシャツのまま軍手も付けずに1人で溶接始めちゃったみたいで、そしたら、溶けた金属が腕に当たっちゃったんだって。腕押さえてうずくまってんのを工場のみんなが気づいて、見たら、結構、腫れあがっててさ・・・。

倉本　慣れてきたころにそういうことやっちゃうんだよなー。

たけし　とにかく、見に行こう！

全員、急いで工場の中へ。不穏なサウンドが流れる。暗転。

シーン12 そうなの!?

理子がやってくる。

理子　たけちゃーん、お母さん、戻りましたー。

たけし、静子、倉本、森下があわてて飛び出してくる。

たけし　どうだった？
理子　うん……。怪我は大したことなくて、すぐに治るってお医者さんが言ってました。
たけし　良かったあー。
静子　ほっとしたよ。

たけし、静子、森下、倉本は緊張から解放されて、安堵の表情。しかし、次の理子の一言で不穏な空気に。

理子　怪我はね、全然大したことないんだけど・・・ちょっと、問題があって・・・。

たけし　なんかあったの？

理子　・・・。

静子　こむろちゃんがもう工場に来たくないとか、また引きこもっちゃったとかそういうことかい？

理子　いえ、こむろさんはまた工場に来たいそうです。勝手なことをして工場の皆さんに申し訳なかったって謝ってました。皆さんが許してくれるなら、またぜひ工場にインターンシップに通いたいって言ってました。

静子　そうかい、それはよかったよ。

倉本　まあ、溶接に慣れてきたら、そういうのはあるからな。俺らがもっと気を付けてあげねえとな。

森下　ほんと、そうっすね。俺らも悪かったたっす。

たけし　じゃあ、どういう問題なの？

理子　…親御さんがね。かなり怒ってるんだって….。実は、さっき学校から電話があって聞いたんだけど、いま、こむろさんのお母さんが校長のところに怒鳴り込んで来てるそうなの….。

森下　あっちゃー。クレームっすよ。インターンシップの授業で怪我したから、クレームつけに来たんすよ。あれですよ、モンスターなんたらですよ。

倉本　そうかあ。こむろちゃんが工場に来たくっても、そのモンスターなんたらの親が行くなってなったら、こりゃ、こむろちゃん、つらいわ。

静子　そうだね、申し訳ないことしたね。

たけし　そもそも、インターンシップ授業自体がなくなっちゃうかもしんないな….。

理子　そうなんだよね・・・。で、それと、まだ問題があって・・・。

倉本　えっ、まだあんの？

理子　実は・・・。私も気づいてなかったんですけど・・・。こむろさんのお母さんって、大江戸銀行の佐藤支店長だそうなんです。佐藤支店長はシングルマザーで、こむろさんが佐藤支店長の一人娘なんです。

一同　えっ!?

森下　あの強面の佐藤支店長、シングルマザーだったんすね。っていうか、こむろっちのこむろって上の名前じゃなくて、下の名前なんすね。

理子　そう。「みずうみ」に教室の「しつ」で「湖室」。

静子　そっか、佐藤湖室って言うんだね。そういえば、佐藤支店長って転勤で最近こっちの支店長になったって言ってたもんね。で、こむろちゃんも、転校生で新しい学校に馴染めずに引きこもりになったってことだったもんね。なるほど、辻褄が合うね。なんか全然結びつかなかったね。あははは。（笑う）

倉本　で、結局、そのモンスターなんたらってのがあの女支店長なんだよな。

森下　あの人怒ったら怖そうっすね。

たけし　そうだな、しかも、自分の一人娘のことだからな。

静子　こないだうちに来た時なんか、眉毛釣り上げてさ、「次にまた私の気分を害すことをされましたら、そのときは覚悟してください！」って怒って言ってたもんね。あの顔怖かったもんね（笑う）。あっ……。

（静子ようやく気づく）

たけし　（たけしも気づく）……そうだよ、母ちゃん！　これ完全に気分害してるよね！　日之出さんのこと黙ってて、今度は、一人娘に怪我させちゃったよね！

倉本　こりゃー、まずいな。（倉本も事態の重さに気づく）

森下　えー、どういうことっすか？　みんな、なにをおびえてるんすか？

（森下だけまったくピンときてない）

理子　そうなんです。私も全然知らずに、さっきたまたま学校の同僚から聞いて、びっくりしちゃって……。

森下　えぇっー？　どういうことっすか？　ちょっと。サルでも分かるように、説明してくださいよ。

倉本　だからよ、佐藤支店長に最後通告受けたうえに怒らせちゃったから、貸しはがされちゃうってことだよ。工場とか設備とか社長の家とか差し押さえられて、みんな路頭に迷って、のたれ死んじゃうってことだよ。

森下　えぇっー!?　そういうことだったんすか。倉さん、それ早く言ってくださいよ！

たけし　いや、その「のたれ死ぬ」ってのは、極端だろ。

静子　よし、分かった。（たけしに）母ちゃん、いまから、区役所行ってくるわ。あんたの自己破産の手続き、進めてくるよ。

たけし　だから、先走るなって！　みんな、とりあえず冷静になろう。こういうときはパニックになるのが一番まずいから。冷静になったら、いいアイディアが浮かぶから。

理子　それがね、たけちゃん。その話にまだ続きがあって、佐藤支店長がうちの校長のところに行ってるんだけど、その用件が終わったら、その足でこの工場に来るんだって。

たけし　ええっ!! 理子、それ、早く言ってよ！ そうなの？ いまから佐藤支店長、来ちゃうの!?（あわてふためく）どうしよう、母ちゃん！ 俺、パニックだよ！

静子　とりあえず、工場のシャッター閉めちゃおうか。全員、インフルエンザにかかって、しばらく休みにします、って張り紙してさ。

倉本　それいいね！ よし！ じゃあ、工場のみんなに事情説明して、作業中止しよう！ で、シャッター閉めよう！

森下　俺、みんなに言ってきます！

静子　あたし、張り紙書くわ！

理子　お母さん、私も手伝います！

と、みんなそれぞれ作業をしようと動き出そうとしたところに、佐藤支店長が登場する。

シーン13 未来会議

佐藤　（大声で）ごめんください！　大江戸銀行墨田支店の佐藤です！

一同、びくっとして、凍り付く。

森下　もう来ちゃったんっすね……。
佐藤　今日はお話があって来ました。ちょっとお時間よろしいでしょうか。

と言いながら、佐藤、皆に近寄ってくる。たけし以外は、めいめい、ゆっくりと逃げたり、後ろを向いたりし始める。

佐藤　（咳払いをした後、強い口調で）あの、皆さん、このたびは私の娘が……。

佐藤が言葉を続けようとしたところで、たけしは佐藤の前に行き、土下座をする。

たけし　すみませんでした！　すべて社長である私の責任です！

一同　……。

たけし　私の判断ミスです。インターンシップを受け入れようと言い出したのは私です。そのせいで、お子さんに怪我をさせてしまいました。本当に申し訳ありませんでした！
佐藤支店長には、日之出さんの件で嘘をついてしまったうえに、さらにお嬢さんに怪我をさせ、二度も気分を害することをしてしまいました。融資の引き揚げをお考えになるのは当然のことと覚悟しております。しかし！　私はどうなっても構いません！

従業員だけは助けてやってもらえないでしょうか！　工場の従業員にお金を払うための資金融通だけは、お願いできないでしょうか！　従業員だけは！　どうか従業員だけは救ってやってください！

静子　たけし……。

倉本　社長……。

森下　社長……。

こむろが左手に包帯をして走ってやってくる。

こむろ　母さん、ちがうんだよ！　私のせいなんだよ！　倉さんとか森下さんに一人で溶接やっちゃダメだって言われてたのに、私が勝手にやったんだよ（涙声に）。作業着も軍手も必ず付けろって言われたのも守らずに……。私がちょっと溶接がうまくできるようになったからって調子に乗って、ルールを守らなかったから、ヤケドしたんだ。すべて私のせいなんだ。掛井社長のせいでも、工場の皆さんのせいでもないんだ……。(泣く)ほんと、皆さん、ごめんなさい！

長い沈黙の後、佐藤が口を開く。

佐藤　掛井さん、何か勘違いされているようですね。
たけし　……？
佐藤　私はお礼を言いに来たんです。
たけし　……お礼？
佐藤　私は湖室が幼い頃に夫と離婚しました。それからというもの、女手一つで湖室を育てながら、私は銀行で必死に働いてきました。女ってことで舐められたくなかった私は転勤をいとわず働き、湖室を連れて各地を転々としてきました。それが湖室のためでもあると思っていました。でも、湖室にとってはあまりに環境が変わることで、学校に馴染むことができず、不登校になり、部屋に閉じこもってしまったんです。湖室のためと言いながら、結局は仕事にかまけて子供のことをほったらかしにしていた私の責任なんです（涙声になる）。湖室にどう接すればよいのか、どうしたら前向きになってくれるのか、私には何も分かりませんでした。母親失格だと思い知らされました。そんなときに、掛井板金さんの工場の見学に先生に連れて行ってもらって、湖室は変わりました。インターンシップで工場にお邪魔するようになって、湖室は明るく積極的になって、学校にも行ってくれるようになりました。私は掛井板金さんにとても感謝しているんです。湖室の母として、皆さんにお礼を言いたかったんです……。ありがとうございました。（泣きながら深くお辞儀をする）

たけし　佐藤支店長……。

静子　（もらい泣きしながら）こむろちゃんも、佐藤さんも、お互いつらか

ったんだね……。（ほかの一同も母娘の苦労を知って思わず涙が出てくる）

佐藤　（涙をぬぐって）また、大江戸銀行墨田支店の支店長としても感謝しています。うちに預金されている地域住民の方々から掛井板金さんの工場見学のことを聞きました。皆さん、大変、喜んでおられました。こうやって掛井板金さんが地元に根を張って、がんばっていらっしゃることを知って、皆さん、応援しているんです。私はそのお話をうかがって、気づかされたんです。そのような地域に愛される企業とお付き合いさせていただいていることが私たち銀行にとってかけがえのない財産であることを……。

一同　……。（意外な言葉に、唖然としている）

佐藤　湖室の怪我のことですが、それは掛井さんたちのせいではありません。湖室が自分でやったことです。むしろ、こちらが謝らないといけないです。掛井さんたちに余計な気づかいをさせることとなってしまって、本当に申し訳ないです。（佐藤、頭を下げる。こむろもその姿を

見て頭を下げる）

たけし いや、頭を上げてください、佐藤支店長。

理子 あの……、私、こむろさんのクラスの副担任の広田理子と申します。

佐藤 ああ、あなたが広田先生ですか。娘がお世話になって、ありがとうございます。

理子 あの、今日、佐藤支店長がお怒りになって、うちの校長にクレームをつけに来られたという話をさっき学校から聞いたのですが……。それは一体……？

佐藤 すみません。私が怒っていたことだけが皆さんに伝わってたんですね。それはですね、私が校長にインターンシップの授業をやめないでほしいと抗議しに行ったんですよ。

理子 やめないでほしいと抗議？

佐藤 そうなんです。おたくの校長から私の職場に電話があって、もうあのインターンシップ授業はやめますと校長がおっしゃるんです。確かに、うちの娘が怪我をしました。が、それは娘の責任であることは明らかです。そのせいで、あんな素晴らしい授業をやめないでほしいとお願いしたのですが、校長が全然取り合ってくれず、電話を切られてしまったんです。
せっかくのインターシップがこんなことで無くなってしまったら、生徒の皆さんにも工場の皆さんにも申し訳が立たないので、校長に直談判しに行ったんです。それで、校長は、無事、インターンシップ授業、続けるって、承諾してくれました！

たけし　そうだったんですか！

森下　こむろっち、またうちに来れるな！

こむろ　はいっ、よろしくお願いします！

倉本　いやあ、そうかい。そりゃあよかったあ。

静子　なんか、ガンダムの最後みたいな感動のシーンだね。

森下　専務、それは違うと思います。

と言いながら、工場の皆は、こむろの頭をさすったりしながら、喜んでいる。これからもよろしくお願いします、と佐藤支店長と皆が喜びあっている。

この喜びの輪のなか、ライトが暗くなり、幻想的なサウンドが流れ、一同の声はサイレントになる。舞台前方の両極にスポットライトが2つあたる。その1つに、みのるがやってきて、みのるがライトにあたって浮き出ているような形になる。穏やかな顔をしている。みのるがいることに気づいたたけしが、もう1つのライトに歩み寄り、みのるとたけしだけの世界となる。

たけし　父ちゃん、うちの工場、なんとかなりそうだわ。やっといま社長になれた気がするよ。

みのる　たけし、よくがんばったな。おめえ、よく成長してくれたよ。これで、安心して工場引き継げるわ。継いでくれて、ありがとよ。

たけし　（涙ぐんで）なに言ってんだよ、礼を言うのはこっちだよ。継がせてくれて、ありがとう、父ちゃん…。（泣く）

みのるのライトが暗くなって、みのるはゆっくりと去っていく。

たけし 父ちゃん、いままでありがとうな。（泣き声）天国で見守っててくれよ・・・・。

舞台のライトがすべて明るくなり、森下がしゃべり始める。（と同時にサウンドが止む）

森下 あれっ先代社長じゃねえっすか？ なにしてんすか、こんなところで？

みのる （気まずそうに）おぉ、森下、久しぶり。

たけし えぇ!? 森下君にも見えるの？ 幽霊が。

倉本　なに、馬鹿なこと言ってんだよ！
たけし　そうだよね倉さん。森下君、おかしいよね。
倉本　ちげえよ！　俺にも見えてんだよ！
たけし　はぁ？
理子　あの、たけちゃんのお父さんですよね？
みのる　あぁ、理子ちゃん、だっけ？　初めまして。
理子　初めまして・・・・。
たけし　ええっ！　理子にも見えてんの!?
佐藤　私にも見えておりますが・・・・。
こむろ　私にも見えます。
静子　父ちゃん、お帰り！
みのる　ああ、母ちゃん、ただいま！
一同　!?
みのる　（袖からさっと袋を持ってきて）はい、これ、お土産のマカデミアナッツ。（みんなに適当に手渡していく）

たけし　母ちゃん、これ、どういうことだよ？　なんで父ちゃんの幽霊が帰って来て、マカデミアナッツ配ってんの？
静子　父ちゃん、死んじゃいないよ。
たけし　えっ？　生きてんの？
静子　あれ、どう見ても生きてんだろ。
森下　ほんとだ、先代社長の服、よくみたら、アロハシャツだわ！
倉本　なんだい、社長、いや先代社長、生きてたのかい。マカデミアナッツでアロハシャツってことは、さてはハワイ！
みのる　倉さん、正解！
静子　おっ、倉さん、冴えてるね。
たけし　いやいや、ちょっと、全然分かんねえ。父ちゃん、どういうことだよ！
みのる　おめえも相変わらずにぶいな。俺、ずっとハワイに行きたいって、言ってただろ？
たけし　うん、言ってた。

みのる　でも、工場はなかなか休めなかっただろ？

たけし　えっとー、そ、そうだな。

みのる　で、俺、もう年じゃん。あと2年で70だからさ。工場の跡継ぎのことも考えないといけないじゃん。

たけし　う、うん。

みのる　じゃあ、もう、たけしに継がそうかなって、母ちゃんと相談してさ。おめえが継いでくれたら、工場も続くしさ、俺ハワイ行けるしさ、一挙両得だろ。

たけし　じゃあ、なに、役所に出てきた父ちゃんの幽霊は、あれ、実際の父ちゃん？

みのる　そうだよ、東京から京都まで新幹線乗ってさ、おめえが役所で残業してたから、ラジカセで雷鳴らして、仮装して出ていったんだよ。

たけし　うそだろ……。でも、父ちゃん、次の日、棺桶に入ってたよな？

みのる　そうだよ。京都からとんぼ返りしてさ、棺桶で寝てたんだよ。

静子　そしたらさ、父ちゃん、途中でイビキかきはじめてさ、どうしようか

と思ったよ。それで、あわてて、あたし、掃除機の音鳴らして、なんとかごまかしたんだよ！　あははは！（笑う）

たけし　それで、母ちゃん、ずっと掃除機かけてたんだな。あっ、そういえば、俺が工場に出かけてるうちに、先走りしてもう火葬しちゃったって言ってたのも嘘だったんだな。

静子　そうだよ。あたしの先走りグセを利用した巧妙なトリックだよ。

たけし　そういやあ、父ちゃん、なんか、ちょこちょこ出てきたけど、あんときはハワイ行ってなかったの？

みのる　そうなんだよ。おめえが継ぐって言ったのを確認してすぐにハワイに行こうと思ったらさ、日之出さんの下請切り、起きちゃったからよ。まさかこんなことになるとは思ってなかったからさ、心配で隠れて見てたんだよ。で、おめえが展示会でなんとかうまくやったんで、そっから、ハワイに行ったんだよ。

たけし　確かに、あの後から出てこなくなったもんな。えっ、倉さんとか森下君とか知ってたの？

倉本　俺は全然知んなかった。

森下　俺もっす。

たけし　そっか。すべて父ちゃんと母ちゃんの仕業か。

静子　そうでもしねえと、あんた、工場継いでくんないだろ。

たけし　まあ、役所務めてたし、そうだろうな。

静子　こうして父ちゃんも生きてて、あんたが工場継いで、丸く収まったじゃん。

たけし　なんか納得いかねえ気がするけど、まあ、……そうかな。

森下　じゃあ、社長は社長っすよね。で、先代社長は引退しちゃうんすか。

みのる　俺も年だからな、もう引退だな。

佐藤が手を挙げて発言する。

佐藤　あのー、その件ですが……。先代社長は会長に就任されて、たけしさんをサポートされるってのはどうでしょうか？

一同、あー、なるほど、みたいに納得する。

倉本　おっ、それいいね。これから会長になりなよ。
森下　よっ会長！
みのる　そうかい。じゃあ、そうさせてもらうわ。
佐藤　これですべて丸く収まりましたね。新社長が誕生して、工場も存続して、会長もご健在で、良いことづくめです。ね、皆さん。これはめでたいです。ね。（と笑顔で拍手をし出す。皆もつられて拍手。）
たけし　いやいや、佐藤支店長的にはいいんですか。父ちゃん死んだって、俺ら、嘘ついてたことになるんですよ。

佐藤　まあ……そうですね……嘘ではありますが……すべて丸く収まったんで、オッケーってことで！（佐藤支店長、ＯＫサインを出す。一同、おぉとか言いながら、再び拍手）

たけし　支店長、なんか、キャラ変わってきてないですか。

みのる　じゃあ、めでてえついでに、たけしと理子ちゃん、もう結婚しちまいなよ。たけしだって、「理子ちゃんと付き合い始めて10年の区切りで、理子ちゃんも今年で三十路になるから、バシっとプロポーズする」って言ってただろ。

たけし　そこ、聞いてたのかよ。恥ずかしいなあ、まったく。いや、でも、お互い転職したばっかりだから、また落ち着いてから考えるから。

静子　その件なんだけどね。もうあんたらの婚姻届、昨日、区役所に出しといたよ。

一同　えっ!?

たけし　いやいや、本人らが書いてないのをなんで出せるんだよ。

静子　昨日さ、納品書にフルネームでサインしてってってあたし言ったよね。あれ、実は、婚姻届だったんだよ。

たけし はぁ!? じゃあ、理子は?

理子 私はサインしてないけど……。

静子 昨日、新しいペン買ったから試し書きしてくれないって理子ちゃんに頼んだじゃん。

理子 はい。

たけし まさか……。

静子 そう、あれもフルネームで書いてもらったよね。あの紙、婚姻届だったんだよ。で、区役所の窓口に勤めてる幼馴染みに、うまいことやっといてって婚姻届、渡したんだよ。

森下 さすが、専務!

倉本 先走りさせたら日本一だな!

みのる いいぞ、母ちゃん!

たけし そんなことってあるか?

静子 なんだい、たけし、嫌なのかい?

たけし　いや、そういうことじゃないけど……。

佐藤、再び手を挙げて、発言する。

佐藤　あの……、プロポーズはまだじゃないでしょうか？　順番が逆ではありますけど、こういうことはちゃんとされたほうがよいと思います。たけしさん、ぜひ、いまプロポーズされてください。

静子　支店長、いいこと言うね。

みのる　さすが、支店長。よく分かってる！

森下　ヒューヒュー！

倉本　たけちゃん、ここまできたらプロポーズしなきゃ。

たけし　えぇー、なんでこんなことになってるのかな……。

と言いつつ、皆にどんどん押されて、たけしは理子の前にやってくる。

たけし　理子！　……いや、理子さん！　……結婚してください！

理子　……はい。よろしくお願いします！

一同、ワーッと騒ぐ。照れる理子。たけしは、こんなんでいいのかと戸惑っている感じがありながらも、理子の承諾に喜んでいる。

森下　じゃあ、これで、いまここにいる全員がうちの工場の関係者ってわけですよね。いまから、うちの工場の今後を考える企画会議やりましょう！

倉本　おっ！　いいね！

倉本、こむろなどがホワイトボードを持ってきて、ホワイトボードを皆が取り囲む。

森下　ほらっ、社長！　企画会議の続きやりましょうよ！

静子　そうだよ、たけし！

理子　よっ、社長！

たけし　・・・。・・・・どうなってんだ。

舞台、客席前に近づいて、一人戸惑うたけし。

たけし　まっ、いいっか!!

と言って、ホワイトボードに駆け寄り、たけし「じゃあ、今日の議題は・・・」と言って、「工場の未来」と書きだす。ここからライトは徐々に暗くなり、軽快なサウンドが流れ出す。ライトが暗くなるなかで、会議が活発に行われていく。

たけし　じゃあ、意見のある人、挙手！

全員が元気よく　はいっ！　と手をまっすぐに挙げる。

たけし　じゃあ、森下君！
森下　工場のゆるキャラつくるってどうっすか？
一同　おおっ〜、ゆるキャラね。いいかも。（と興味津々）
森下　あのカタツムリあるじゃないですか。あれをモチーフにするんすよ。

たけし　それ、いいね。名前はどうしようかなあ。
こむろ　はいっ！（と手を挙げる）
たけし　はい、こむろちゃん
こむろ　（立ち上がって）掛井の掛をとって、カケツムリ！
一同　それ、いい!!

ここで完全に暗転。終劇。

エピローグ

【よくある質問】

継ぐまちファクトリーの脚本をお読みいただいた方、あるいは、演劇をご覧いただいた方からよく頂戴した質問があります。

第1に、なぜこのタイトルにしたのですか、という質問です。脚本を書き始めた当初は「まちこうばイノベーション」という仮タイトルを付けていました。というのも、この脚本の主要テーマはイノベーション（革新）であったからです。

下請を切られてしまった掛井板金がいままでやったことのなかった営業活動を始め、そのなかで自社の強みを見い出し、その強みをもとに事業転換を図り、企業存続に取り組んでいくという姿は、まさにイノベーションです。そして、その過程のなかで、主人公たけしも、静子や従業員たちも変わっていきます。こむろや佐藤支店長も、掛井板金に関わることで、考え方や生き方に変化が生じてきます。このように、町工場とそれを取り巻く人々が自分たちなりのイノベーションを起こしていくというストーリーになっております。

ちなみに、プロローグで書いたように、「中小企業のコメディ演劇の脚本を書く」という取り組みが、私にとってのイノベーションであると捉えていました。そういう私の個人的事情も背景にあって、当初、「まちこうばイノベーション」という仮タイトルにしていました。

しかし、イノベーションという言葉は劇中には一回も出てきません。また、この言葉は一般に広く普及しているかというと、そうでもないかなと思います。そもそも、ちょっと、タイトルとしてひねりがないという気もしました。

そこで、シンプルに「町工場を継ぐ」という感じのタイトルを付けようと考え直しました。言葉にひっかかりがあるように、まず、「町工場」と「継ぐ」の語順を逆にして、「継ぐ町工場」としました。そして、「工場」を一般の人が聞き覚えのある、工場を意味する英語「ファクトリー」に変えました。「町」を「まち」に変えたのは、平仮名のほうが読みやすいということと、「まちづくり」のニュアンスを入れたかったからです。脚本後半のテーマとなる「地域社会との関わり」を少しイメージして、まちをつなぐ工場という意味も込めました。

第2に、なぜ舞台を大阪にしなかったのか、という質問です。確かに、私が勤めている大学は大阪の大学であり、大学に進学してから30年近く大阪に住み続けていますので、大阪を舞台にするほうが自然なのかもしれません。

しかし、脚本を書いている段階ではどなたに演じていただけるのか、まったく見当がついていない状態でしたので、どの地域の人でも演じやすい言葉にしておこうと思いました。東京の言葉であれば、標準語に近く、あらゆる地域の人達がしゃべりやすいのではないかと思いました。

関西弁ネイティブではない人がしゃべる関西弁の「なまり」には、若干、関西人の方々は厳しいところがあります。したがって、関西弁にしてしまうと、言葉の問題で敬遠されて、上演される可能性が狭まるかなと思ったというのが正直なところです。また、私自身、長崎県出身であり、あやしい関西弁をしゃべる人間ですので、関西弁に自信がなかったという事情もあります。

【実際のエピソード】

第3に、どの部分が実際のエピソードですか、という質問もよく受けました。この脚本は、私の調査研究活動のなかでお聞きした実際の中小企業のエピソードを織り交ぜて作ったものです。いくつかのシーンは、現実の中小企業で起こった話です。

例えば、高校生のこむろが掛井板金を見学することで、それまで一言もしゃべらなかったのに、帰り際に「ありがとうございました」と、ぎこちなくお礼を言うシーンがありました。これは、東大阪市の金属加工・機械設計製造業の中小企業でお聞きしたエピソードで、とある高校生の男の子が工場見学に来たときの実際のお話です。

彼は工場に着いた時は一言も挨拶をせず、だるそうにしている、態度が良いとはいえない少年でした。しかし、工場に入って様々な設備や作業を見学するうちに、目がキラキラと輝き出し、社長や従業員の説明に真剣に耳を傾け、興味津々の態度に変化していきました。それとともに返事や挨拶もするようになり、帰り際には「ありがとうございました」と深々と礼をして帰っていったそうです。彼の姿を見て、この企業の社長は、工場には人の心を動かす力があるのではないかと思ったそうです。それ以降、この企業では高校生のインターンシップを受け入れる活動を積極的に行うようになりました。インターンシップを受け入れ、従業員が高校生を教えることで、従業員も学びや刺激をもらうという好循環が生まれているそうです。脚本では、このエピソードを取り入れさせていただきました。

佐藤支店長がインターンシップ中の娘の怪我を知って、高校の校長にクレームをつけに行くというシーンがありました。これは、八尾市ものづくり支援協議会に私が委員として参加していたときにお聞きしたエピソードです。八尾市では当時、ものづくり職業体験というイベントを行っていました。その一環として八尾市の歯車製造業の町工場に中学生の男の子が職業体験に行っていたときに、自らの不注意によって怪我をしてしまったそうです。それを聞いた男の子のご両親が、校長に会いたいと中学校に行かれました。てっきり、職業体験をやめさせるためのクレームで来られたと校長は思っていました。しかし、そうではなく、うちの息子が怪我をしたからといって、この職業体験のイベントをやめないでほしいとお願いしに来られたのでした。これも実際に起こった現実のお話でした。

このほか、展示会に出展したときには、来場者よりもブースに出展している中小企業に営業をかけている、というエピソードは、大阪市都島区の機械設計製造業の中小企業でお聞きしました。下請けに切られるまで一度も営業活動をしたことがない、というエピソードは、大阪市平野区の部品加工・設備設計製造業の中小企業で伺ったお話でした。エキセンプレスという旧型のプレス機を使用しながら手作業で精密な板金加工を行っている、というお話は、大阪市淀川区の精密板金加工をされている中小企業でお聞きしました。

なお、本書の「プロローグ」でも書きましたとおり、劇中に出てくる森下君が端材で作ったというカタツムリや蝶々のオブジェは、大阪市東成区の㈱光製作所で実際に作られていたものです。

このように、結構いろいろな現実の話を脚本に盛り込ませていただきました。

【嬉しかったこと】

脚本の第1稿が出来上がった段階では、まだ劇団カオスに上演してもらうことは決まっておりませんでした。どうしたらこれが演劇として舞台化されるか、分かっておりませんでした。そもそも、この脚本がおもしろいのかどうかも自信がありませんでした。したがって、周囲の方々に読んでもらって、感想やアドバイスをもらう中で、この先のことを考えていこうと思っていました。とりあえず、知り合いの中小企業経営者や中小企業団体の職員の方々にお願いして、脚本を読んでいただきました。その際、皆さんから様々な感想を頂戴できたことは、とても励みになりました。

さらに嬉しかったのは、普段、私の論文や本をほとんど読んだことがない方々まで、私の脚本を読んでくださったことです。私がこれまで執筆してきたものは、研究論文や専門書で、小難しいことが書かれています。内容もさることながら、言葉や表現も堅苦しく、理解しづらいです。それを当の本人も分かっているので、読んでほしいとはなかなか言えません。親や親戚でも、私の論文や本をほぼ読まないですし、こちらからも読んでほしい、感想がほしい、などとは言えません。

しかし、この脚本に限っては、私の親や親戚も含めて、とても多くの方々が読んでくださり、おもしろかったよ、との感想をいただきました。自分の書いたものがここまで多くの方々に気軽に読んでもらえて、感想を言ってもらえるなんてことは、よく考えたら一度もありませんでした。まずは、そのことが脚本を書いて一番嬉しかったことです。

そして、実際に、劇団カオスによって上演され、さらに多くの方々にご来場いただきました。私の知り合いだけではなく、直接存じ上げない方々もたくさんお越しくださいました。しかも、嬉しいことに、ご夫婦、あるいは、お子さん連れのご家族でお越しになった方が多くいらっしゃいました。

これは普段私が関わるシンポジウムなどでは、ほとんどお目にかかることのない光景でした。来場者アンケートの中には、10歳の女の子が演劇の場面のイラストを描いてくれて、笑っている顔の絵の上に「笑」という字の吹き出しを10個以上付けてくれていました。そして、「さいごがとてもよかったです！」という感想が書かれていました。10歳の女の子まで来てくれて、とても楽しんでくれたことに感動しました。

もちろん、シンポジウム、講演会、学会などの集まりは、今回のイベントとは目的が違いますし、これらの有する意義は大きいです。ただ、今回のようなエンターテイメント性を有したイベントにはこれだけの幅広い層の人々が集まる可能性があることを知ったのは驚きでした。こうしたエデュテイメントのイベントを行うことは、多くの方々の学びと気づきのきっかけになるという意味で、教育研究の発展にとって重要な取り組みになるのではないかと思いました。

【反省点】

ご来場いただいた方々のご感想の多くは、おもしろかった、笑って泣けた、元気をもらった、前向きになれた、来てよかった、またやってほしい、劇団カオスの演技が凄かった等々のお褒めと励ましのお言葉で、大変嬉しかったです。

もちろん、ご批判もありました。脚本に関連したご批判としては、次のようなものがありました。①後継者もできて町工場も存続して万事うまくいくストーリーとなっているが、現実はこんなにうまくいくわけがない。②たけしがあっさりと工場を継ぐのはおかしい。継ぐことへのたけしの葛藤が描かれていない。③理子が都合よくたけしのために東京に転職するのはおかしい。静子やたけしのセリフの端々にも、男性が女性を引っ張っていくべきという考え方が示されていて、作者の古いジェンダー観が見て取れる。④ラストのみのるのあのオチに納得できない。あのオチになるのだったら、相続等の各種の手続きはどうやってごまかしていたのか。そのあたりの手続き面のことが何も無かったかのように描くのは現実的ではない。

①については、確かにそのとおりで、現実はこんなにうまくいくとは思えないです。せめてお芝居だけでも楽しい展開になって、観客の皆さんに明るい気持ちになってほしいと思って、このようなストーリーにしました。しかし、一方で、これによって、現実の厳しさが覆い隠されることがあってはいけません。現実の厳しさに対する認識は常に持っておかないといけないと思います。②についても、①と同様、そんなにすんなりと工場を継ぐ決意は確かにできないと思われます。ストーリーとしては、たけしが本当の意味で企業を継ぐに至る姿を描いているのですが、とくに最初に継ぐと決めるときには、たけしはかなり悩んだことでしょう。そのあたりを割愛してしまいました。

③については、そういうつもりはなかったですし、母子家庭で育ち女性の強さや大変さ

を身近に感じてきた私としては、男尊女卑的ジェンダー観を持っていないつもりです。ただ、確かにセリフ回しに配慮が足りなかったのかもしれないです。また、なにより、私の理子の気持ちの描き方が十分ではありませんでした。④については、私の知識が乏しかったことと、コメディ色を強めたいという意図があったことに原因があります。これについても、いまとなっては、静子やみのるのセリフなどで、手続き面に関する何かしらの補足情報があったらよかったなと思っています。

上記の批判点を踏まえてセリフを足したり、直すことはあえてせずに、もとの脚本のまま本書に掲載することにいたしました。そういう問題点があることも含めて、脚本の中身を知っていただきたいと思いました。この脚本のストーリーにはどのような問題があるのか、現実とどこが一緒で何が違うのかを考えていただくことも、重要であると考えております。

【現実とのリンク】

継ぐまちファクトリーでは、中小企業の後継者問題、下請問題、金融問題、地域社会とのつながりなど、現実にみられるトピックを織り交ぜております。そこで、少しだけ、中小企業白書などのデータにもとづきながら、これらの実態についてみていきたいと思います。

第1に、後継者問題についてです。日本経済新聞2017年10月6日付朝刊の1面で「大廃業時代の足音—中小『後継未定』127万社」という見出しの記事が掲載され、話題となりました。この記事の冒頭では次のように指摘しています。「中小企業の廃業が増えている。後継者難から会社をたたむケースが多く、廃業する会社のおよそ5割が経常黒字という異様な状況だ。2025年に6割以上の経営者が70歳を超えるが、経済産業省の分析では現状で中小127万社で後継者不在の状態にある。日本のものづくりを支える町工場の多くが消急がないと、日本の産業基盤は劣化する」。優良技術の伝承へ事業承継をえつつあること、実はそれは後継者難による廃業によって促進されていることが分かります。

図1は、小規模事業者の廃業理由を示しています。少し前の2012年の調査結果ですが、このデータからも、小規模な企業の多くが後継者難によって廃業を選択しているという実態が分かります。図2は、経営者の平均引退年齢を示しています。引退年齢はこの数

図1　組織形態別の小規模事業者の廃業理由

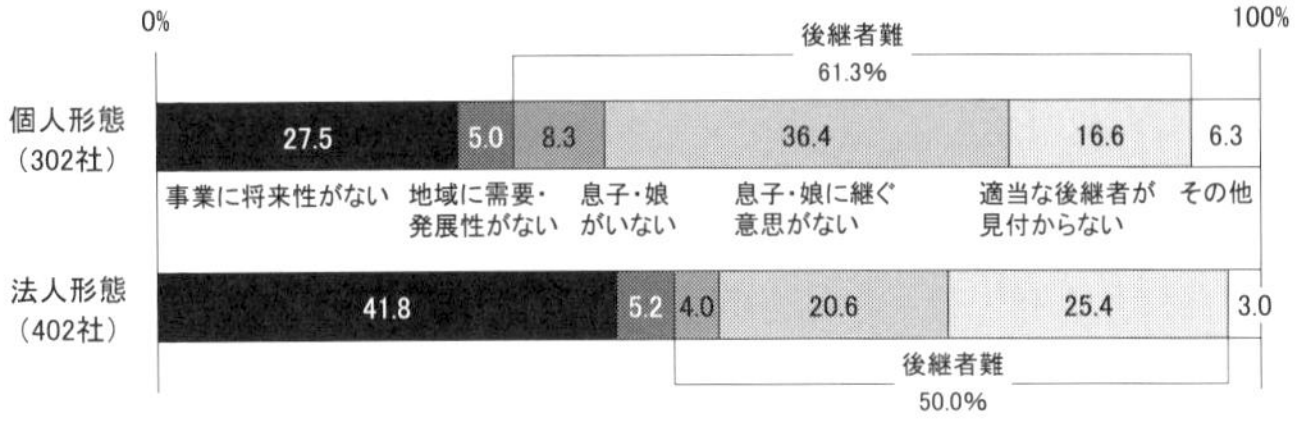

原典）中小企業庁委託「中小企業の事業承継に関するアンケート調査」（2012年11月、（株）野村総合研究所）

出所）中小企業庁編『中小企業白書2013年版』142ページ、コラム2-3-2より筆者作成。

注1）今後の事業運営方針について「廃業したい」、または、経営者引退後の事業継続について「事業をやめたい」と回答した、経営者の年齢が50歳以上の小規模事業者を集計している。

注2）「その他」には「従業員の確保が難しい」を含む。

図2　規模別・事業承継時期別の経営者の平均引退年齢の推移

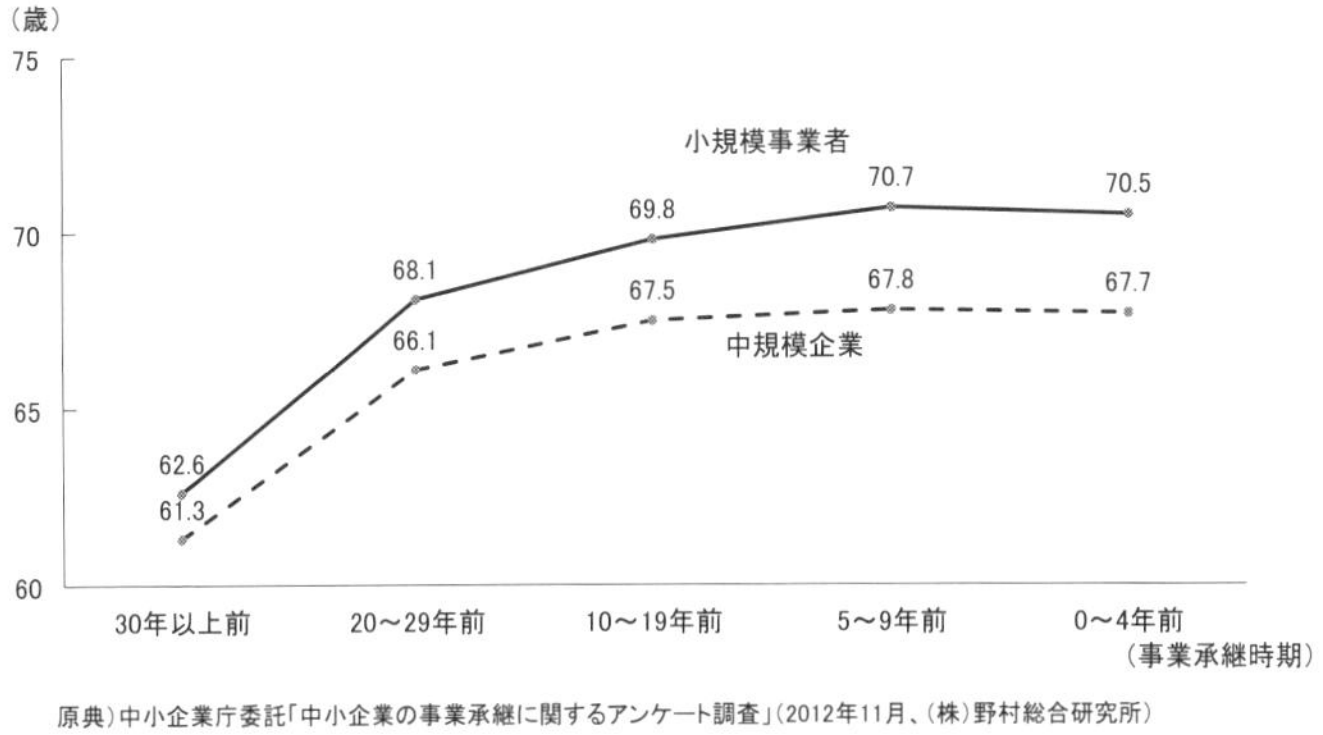

原典）中小企業庁委託「中小企業の事業承継に関するアンケート調査」（2012年11月、（株）野村総合研究所）

出所）中小企業庁編『中小企業白書2013年版』125ページ、第2-3-1図より筆者作成。

十年で上昇しており、現在、平均的には70歳前後が交代期あるいは「潮時」と考えられているようです。掛井板金のみのるも、その年に差し掛かっていました。

第2に、下請問題についてです。特定の企業（いわゆる親会社）だけに受注を頼る、下請企業になることは悪いことばかりではありません。下請企業になることで、仕事量が安定する、独自での営業活動や製品開発が不要になるといったメリットもあります（中小企業庁編『中小企業白書2003年版』第2-4-5図）。

しかし、単価切り下げ等の無理な要求を拒むことが難しくなるというデメリットがあることに加えて、急に発注が来なくなり（下請けを切られ）経営が突然行き詰まるというリスクもあります。経済がグローバル化し、企業が世界最適立地、世界最適調達を進めるなかにあって、そのリスクは高まっているといえます。

図3は、取引額の最も多い親事業者への依存度を示しています。これをみると、1社に取引額の半数超を依存している企業は1994年では全体の52.1%を占めていました。しかし、2014年にはその割合は41.3%に減少しています。特定企業への依存度を減らして、リスクを分散しようとする動き（いわゆる脱下請）の傾向がみられます。たけし

図3　取引額の最も多い親事業者への依存度

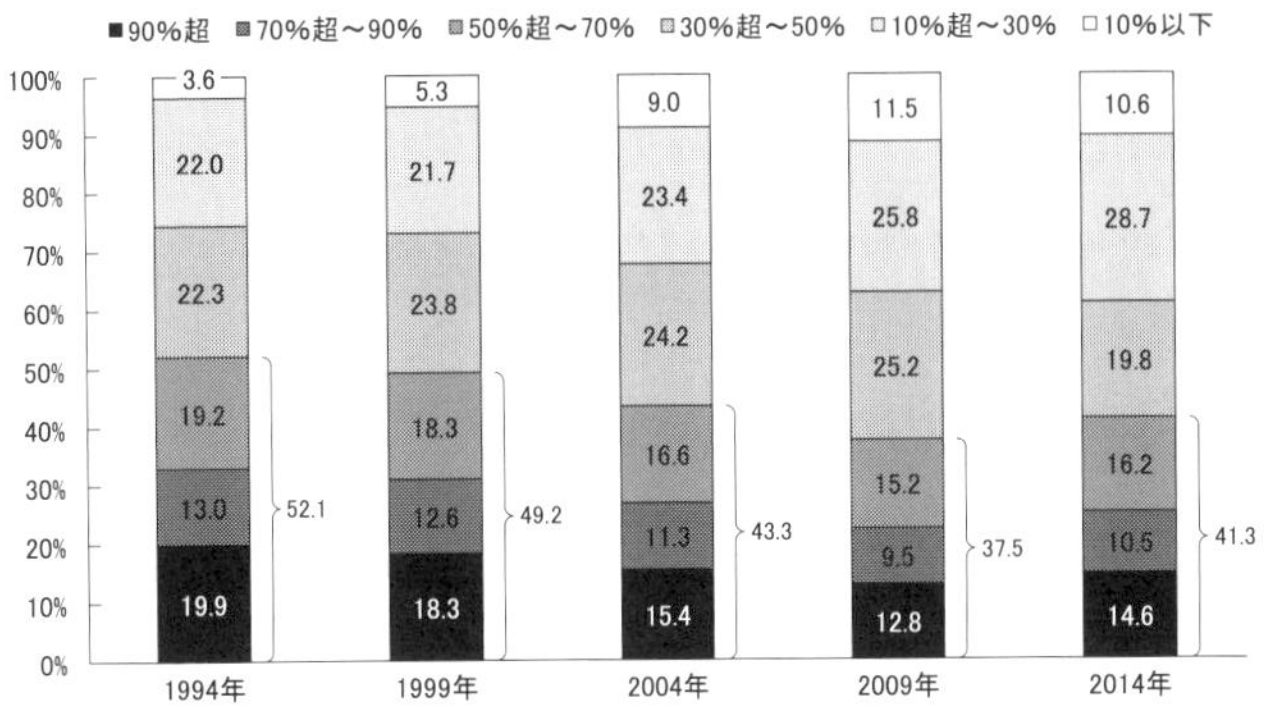

原典）中小企業庁「発注方式等取引条件改善調査」
出所）中小企業庁編『中小企業白書2016年版』89ページ、第2-1-2図より筆者作成。

も日之出鉄鋼からの仕事が無くなったという苦い経験をもとに、取引先を意図的に分散させていました。

第3に、金融問題についてです。たけしが掛井板金を継ぐことになった原因の1つに、個人保証や担保の問題がありました。個人保証の実態を示したデータが図4です。ほとんどの法人が借り入れをしており、中規模法人では7割、小規模法人では6割が個人保証をしていることが分かります。そして、そのうち経営者が個人保証をしているというケースが、中規模法人では98．3％、小規模法人では97．6％です（中小企業庁編『中小企業白書2017年版』第2－2－24図）。また、これまで経営者や親族が個人

図4　個人保証の状況

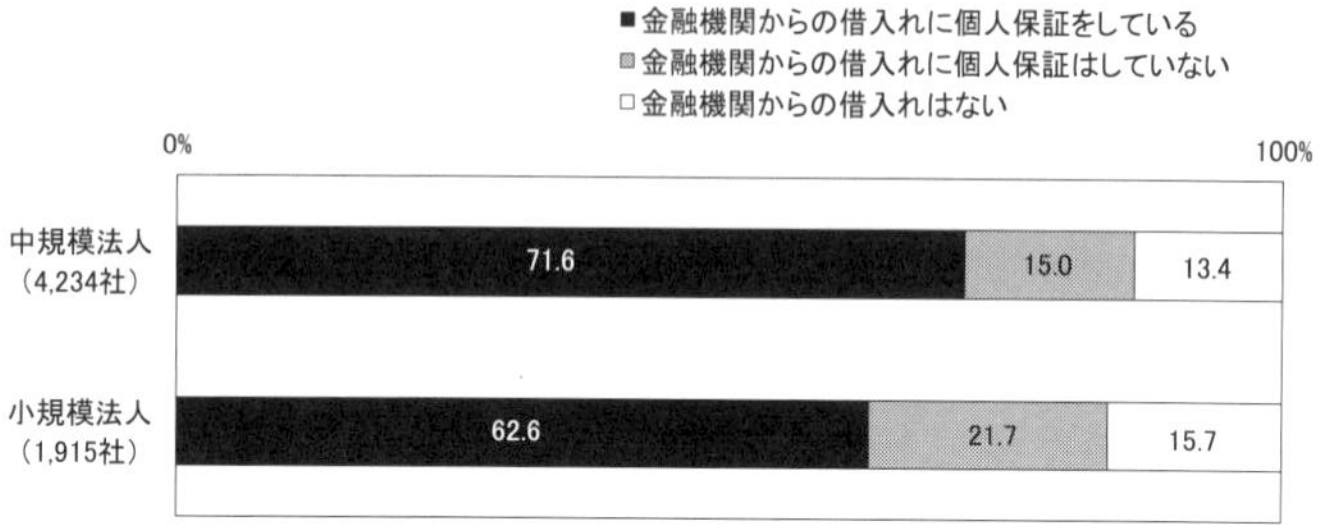

原典）中小企業庁委託「企業経営の継続に関するアンケート調査」（2016年11月、（株）東京商工リサーチ）
出所）中小企業庁編『中小企業白書2017年版』274ページ、第2-2-23図より筆者作成。

資産を担保提供した経験があるという法人の割合（「担保提供をしている」と「過去に担保提供していた」の合計）は、中規模法人では53．8％、小規模法人では66．8％と大半を占めています（中小企業庁編『中小企業白書2017年版』第2－2－20図）。

つまり、経営者の多くは、もし会社が借入金を返済できない事態に陥った場合、個人の生活をかなり犠牲にしなければならないということです。こういう状況では、後を継ごうと考える人はなかなか出てきにくいと思われます。創業も増えにくいとみられます。日本の企業数は、小規模企業の大幅な減少などを背景に1980年代半ば頃から減ってきていますが、こうした問題があることも大きな原因ではないでしょうか。

第４に、地域社会とのつながりについてです。脚本の後半では、掛井板金が地元住民の工場見学や地元高校生のインターンシップを受け入れるという地域貢献活動を始めます。国民生活金融公庫（現・日本政策金融公庫）が２００８年に取引先企業に対して実施したアンケート調査によると、何らかの地域貢献活動に取り組んでいる企業の割合は44．６％でした。その地域貢献活動の内容についてのアンケート結果をみると、最も多い回答が「文化・環境に関する活動」（76．８％）で、次いで「治安・安全・防災に関する活動」（45．５％）でした。最も注力している活動を始めた理由についてのアンケート結果が図５に示されています。「地域の企業として当然のことだから」が51．１％で最も高く、「長い目で見れば企業の利益になると思うから」（11．０％）という2番目に多かった回答の割合を大きく上回っています。

私の実感としても、これまで出会ってきた中小企業のなかで、地域貢献を必然的なものとして捉えている経営者や従業員は多いと思います。もちろん、脚本の掛井板金でもみられたように、地域貢献活動を行うことで、従業員のモチベーションやプライドの向上につながるという要素は大きいので、その意味では企業として何かしらの利益があるからこ

図5　最も注力している活動を始めた理由

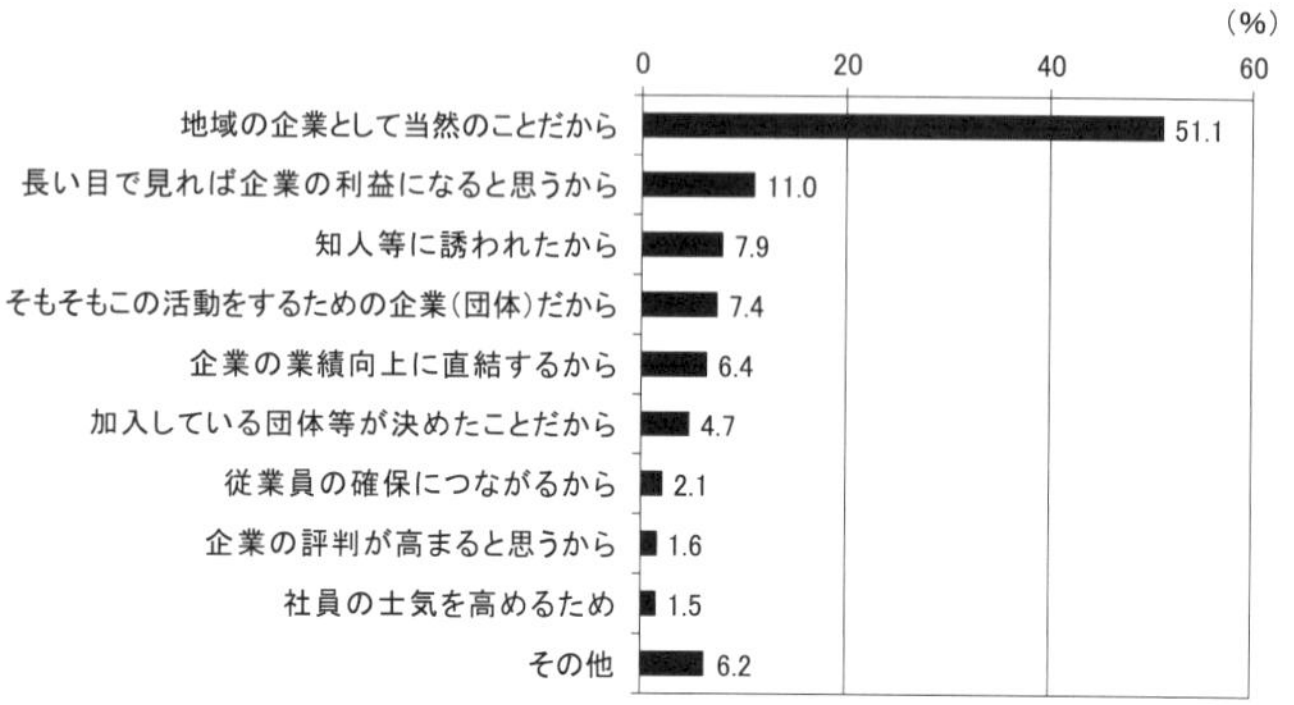

出所)日本政策金融公庫総合研究所『地域貢献のすすめ―小企業による地域貢献活動の実態―』(中小企業リサーチセンター、2009年)55ページより筆者作成。

注)国民生活金融公庫が2007年10月に融資した企業で正常に返済している企業から1万社を無作為抽出し、郵送で調査票を送付・回収。回収数は3065社。

そ、地域貢献活動を行っていると思います。ただ、掛井板金もそうであったように、金銭的な損得抜きで、地域に立地している仲間として、つまり、企業市民として、地域の役に立ちたいと考えている中小企業は多いと思います。脚本後半の佐藤支店長の言葉にあったように、こうした地域に根を張っている企業、地域のために頑張っている中小企業をぜひ応援していただきたいなと思います。

【未来に向けて】

来場者アンケートの中に、「ラストの未来会議の中身をもっと知りたい」「会議でどんなことが話し合われて、今後、掛井板金がどうなっていくのか楽しみです」という感想がありました。掛井板金の人々がこれから何を企画し、工場をどう発展させていくのか、私自身も楽しみです。

そして、この「継ぐまちファクトリー」という脚本にも未来があったらいいなと思っています。劇団カオスで再演されたり、全国のどこかでどなたかが上演してくれたり、という未来があったら嬉しいです。そして、楽しく中小企業のことを学ぶツールになってくれたり、中小企業のことを考えるきっかけになってくれたら、とてもありがたいです。

これからも「継ぐまちファクトリー」のことをどうぞよろしくお願いいたします。

上演記録

劇団カオス×大阪市立大学商学部・新学科プレイベント公演
「継ぐまちファクトリー」

公演日：2017年8月25日(金)、26日(土)、27日(日)
時　間：午後1時30分開演。演劇100分、休憩10分、アフタートーク30分
場　所：大阪市立大学・田中記念館ホール

脚本
本多哲夫（大阪市立大学商学部教授）

演出
朝比奈宏樹（劇団カオス）

役者
掛井剛●ともちん
掛井実●筒山地生
掛井静子●どら子

広田理子●きのこおじさん
野崎和真・赤津部長●城庭球門
倉本●うえ田
森下●ごんた
佐藤支店長●島崎秀吉
こむろ・従業員●みのう
山中社長●朝比奈宏樹

スタッフ

制　作●ほが・藤木俊樹
照　明●きのこおじさん・ぐっちー・タニ
音　響●ありさん
映　像●miso・くらーけん
舞　台●藤木俊樹・ぐっちー
小道具●ぐっちー・タニ
衣　装●くらーけん・イシゼキ
宣　美●タニ

アフタートークゲスト

8／25松下　隆さん（大阪産業経済リサーチセンター主任研究員）

8／26田中幹大さん（立命館大学経営学部教授）

8／27松永桂子さん（大阪市立大学大学院創造都市研究科准教授）

協力

株式会社光製作所　日本中小企業学会西部部会

※なお、公演2日目に大学広報室が撮影した演劇動画をYouTubeの大阪市立大学公式チャンネルでご覧いただくことができます。https://www.youtube.com/watch?v=V3bCXZuvLcs

（2017年12月1日時点）

【著者略歴】

本多《ほんだ》 哲夫《てつお》

1971年生まれ。大阪市立大学商学部教授。

大阪市立大学大学院経済学研究科後期博士課程単位取得退学。博士(商学)。

大阪府立産業開発研究所・研究員を経て、現職。

大学教授として地域経営論・中小企業論の研究・教育に携わる一方で、地域に根付く中小企業の熱い思いに共感し中小企業への市民の理解を促す諸活動を行っている。

著書に『大都市自治体と中小企業政策―大阪市にみる政策の実態と構造―』同友館、2013年。『中小企業・ベンチャー企業論［新版］―グローバルと地域のはざまで―』(共著) 有斐閣、2014年など。

読売テレビ「かんさい情報ネットten.」やNHK「ニューステラス関西」の特集に出演。「日本経済新聞」、「朝日新聞」にてコメント掲載。

2018年1月30日　第1刷発行

継ぐまちファクトリー

©著　者　本 多 哲 夫

発行者　脇 坂 康 弘
発行所　株式会社 同友館
〒113-0033 東京都文京区本郷3-38-1
TEL.03(3813)3966
FAX.03(3818)2774
http://www.doyukan.co.jp/

落丁・乱丁本はお取り替えいたします。
西崎印刷／三美印刷／松村製本所
ISBN 978-4-496-05336-8
Printed in Japan